If You Understand This, Your Company Will Continue to Profit

深見東州

Fukami Toshu

これがわかれば会社は儲かり続ける

成功する会社
失敗する会社を
見事に解明

たちばな
ビジネスコレクション

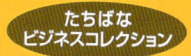

はじめに

早いもので、私も経営というものに携《たずさ》わってから、今年で十八年目を迎えようとしている。その間、幾多の辛酸をなめ、感動のドラマともいうべき荒波を乗り越えてきた。

それにしても、さまざまなケースがあった。今ふり返ってみれば、経営に関するあらゆるケースを体験させられてきたのでは、と思うことしきりである。

人事にしろ交渉ごとにしろ、あるいは資金繰りにしろ、それらは皆、その時々においては確かに難事であった。が、必死にとり組む中で浮かんだ妙案が、かえってその後の経営に大きく役立ったりもした。また、同じ難関を乗り越えた先人たちのやり方を学び、私なりのオリジナリティーをそれにプラスして、乗り越えてきたのである。

だから、本書に記したノウハウに、机上の空論は一つもない。私が今まで著した経営書の中でも、最も具体的にいろいろな打開の秘伝を語っている一作と思う。

実はこの原稿は、出版前に何人かの著名な経営者の友人に読んでいただいた。「面白いよ。具体的で、実用的で、これなら経営者仲間や従業員にどんどん配りたい。贈ってあげたいよ！」「なるほど、このやり方を実践すれば、絶対成功しないわけがない」と、高評をいただき、出版の意を強くしたものである。

「会社が儲かり続ける」方法というものは、確実に存在する。本書は、私が所長を務めるコンサルティング会社「菱《びし》法律経済政治研究所」（以下、「菱研《びしけん》」と略す）のセミナーで毎月私が話している内容のごく一部ではあるが、この内容を実践されれば、必ずや黒字続きの強靭《じん》な体力を持った会社に生まれ変わることと思う。とくに今現在赤字の会社や、困難な問題を抱え込んでいる会社にとっては、立ち直りのキッカケを得られるものと確信するものである。

それでは今から、驚くばかり強力で、どんな会社でも黒字となり成功し続ける秘伝を、皆様に紹介していくことにしよう。

深見東州

本書は、平成七年七月に弊社より発刊された『これがわかれば会社は儲かり続ける』を改定したものです。

これがわかれば会社は儲かり続ける――目次

第五章　これで会社は必ず成功する！……163

本文イラスト　アオシマ・チュウジ

第一章

不況でも成功する経営頭脳の作り方

成功と倒産を分けるものは何か

平成七年という年は、どうやら日本史年表に、特筆大書される年になりそうである。わずか半年の間に、国家的大事件が二つも起きてしまったのだから、なにも私でなくともそう思うだろう。

しかし、実はこの事件の陰に隠れて、もっと深刻な事態が進行していることには、あまり注目が集まらない。なにも、円高だとか日米自動車協議だとか、そんな高邁な理屈を言うつもりはない。

日本経済が少しも好転の兆しを見せない？　株価が低迷したまま？　そんなことは問題ではない。商売に好不調はつきもので、いいときもあれば悪いときだってあるに決まっている。そんなことよりも、私が心配なのは、この経済の屋台骨を支える中小企業経営者のハートの問題なのだ。

燃えるような野心と行動力で戦後日本を支えてきた、あの経営者たちはどこへ行ってしまったのだろうか。長い平和と経済成長のおかげで、平和ボケしてしまったのだろうか。これでは、倒産の嵐がやってきたら生き残れはしない。

中小企業経営者のなすべきこと、考えるべきことについて、もう一度よく足元を見つめ直してほしい。そこにこそ、生き残りの道は示されているのだ。

平成七年四月十五日。

この日からの三日間、あなたはどう過ごしていただろうか。

オウム真理教のXデーといわれていた数日のことである。

たまたまその日、私は菱研の講演会があって都心にいたのだが、やれ毒ガスだ、地震兵器だとうわさが駆け巡ったおかげで、東京の街は大変すいていた。ふだん人の多い永田町や霞が関界隈にも、まるで人がいない。講演会会場のある新宿では、「マイシティ」という駅のショッピングビルも、デパートも、全部休業していた。当然、客の人影もない。人のいない繁華街というのを、私は初めて見たが、それはそれは淋しいものであった。

そういうときに、用心して「君子危うきに近寄らず」とばかり、都心に出ない人というのは、はっきり申し上げるが、成功とは遠いところにいる。平和ボケの典型だと言ってもいい。

それが経営に携わる人であれば、なおのこと、自らを恥じなければいけない。あなたは決して君子ではなく、一介の経営者に過ぎないのだから、少しぐらいの危険は承知で仕事をしなくては、話にならない。

そもそも、危険だ危険だと言われているところが、本当に危険だったことがあるだろうか。むしろ実際には、そういうところのほうが安全だと私は思っている。災禍厄難とか問題というのは、突如としてやって来るから災難なのであって、みんなが警戒しているときに来るものを災難とは言わないのだ。

もちろん、例えば湾岸戦争のときのように、翌日米軍がバグダッドを爆撃すること

平和ボケした経営者は、不況で生き残れない

が決まっているのに、のこのこ出かけて行くのは、これは無謀としか言いようがない。と言っても、それも仕事によるので、ＣＮＮのテレビクルーはバグダッドにとどまって、莫大な利益を会社にもたらしている。

ビジネスチャンスがあれば、喜んでリスクに身をさらすのが経営者たる者の義務だと思うのだが、皆さんはどう思われるだろうか。

何も新宿だけではない。ほかにも、一般には危険と思われているところへ、それも危険な時期に、私は出かけている。

例えばフランス。私が初めてパリに行ったときのことだが、サリンならぬ爆弾騒ぎがあって、ひどく観光客の少ないことがあった。平和ボケの日本人なぞ、一人も見かけなかったくらいだ。おかげで私は観光客の人波や騒音に気をとられることなく、多くの場所に出かけることができ、いろんなことを教えられたのだ。この本のテーマからは外れるので、ここでは触れないが……。

あるいはイスラエル。クリスチャンにとって、イスラエルというのはホーリー・ランドである。知人のオーストラリア人、ケビンなどは敬虔なクリスチャンで、「死ぬまでに一度は行きたい」と言うのだが、「危険だ」と一度も行ったことがない。

私がイスラエルに行ったのは、今ちょっと危ないんじゃないか、という時期だったのだが、飛行機がすいていて、とても快適な旅になった。なるほど、イミグレーションのチェックは厳しかったし、レストランの前で軍隊に止められもした。これはエルサレムでのことだが、乗っていたバスが、あるレストランにさしかかったら、軍が非常線を張っていて、停止を命じられたのだ。

「爆弾を仕かけたという通報があったので、今、調べています」

一瞬、車内に緊張が走った。しかし私にとってはこれも、

「ああ、そうですか」

と待つだけのことなのだ。

大統領選挙真っ最中の南アフリカ共和国にも、私は行っている。

ちょうど、黒人居住区での殺しあいや、極右白人勢力のテロやリンチ事件が連日報

道されていて、日本では、南アフリカは怖いというイメージがすっかりできあがっていた。おまけに、外務省からは渡航注意まで出ていたそうだが、実際に行ってみたら、そんなイメージとはかなり違っていた。

確かに、ヨハネスブルグにはちょっと危険な空気があったが、おおむね安全だと言ってさしつかえない国であった。

それから、カンボジア。中田さんが殺されて、日本人観光客はなるべく行くなというときにも、二、三回行っている。このときには、面白いことがあった。

空港を出たら、迎えのカンボジア人が、

「日本の車はすばらしい！　ものすごく丈夫！　いい車です！」

と、えらい勢いで車を褒めるのだ。チップでも欲しいのかと思いながら、どうしたのかと聞いたら、

「来るときにバイクの若者を追い越したんですが、そいつ、かんしゃくを起こして、空へ向けてピストルを撃ったんです。困ったもんだなんて思っていたんですが、空港

に着いてからよく見たら、運転席のガラスにひびが入っているんですよ！　命中していたんですよ！　ゾーッとしました。それでも、私の車のガラスには、弾丸が貫通しなかったんです！　日本の車は丈夫ですばらしい！　命拾いをしました」

同行した仲間と顔を見合わせはしたが、考えてもみてほしい。カンボジアというのは、国民の六〇％がピストルを持っていて、しかも、実戦で鍛えている国である。要するに、カンボジアではバイクを追い越さなければいいわけだ。

危険とは、私にとってはその程度のことに過ぎない。なにも自慢をしようというのではない。大切なのは、私がなぜそれほど危険に対して自信を持っているかということなのだ。

私はこう考えている。吉方位で行って死ぬのならば、よほど自分に運がない。

無論、方位学が絶対のものではないから、吉方位に行けば絶対に大丈夫というわけではないが、もし、私が吉方位に行ってもだめなほど運のない人間であるならば、大勢の人のリーダーになったり、会社を経営したり、経営コンサルティングをやる資格はないと言わざるを得ない。

であれば、私は死んだほうがましなのだ。地位に恋々とするつもりはない。私がリーダーとして存在しているのは、今世でそういう要素を磨くための、魂の修行だと思っている。多少の危険があろうとも、そのために自らの修行をやめるわけにはいかないし、この気迫でことを成すときには、必ず天に守られると信じているのだ。

何も私だけのことではない。経営者とは、そうした運命を命じられた者なのだ。そういうことを、わかっていただきたい。

平成七年四月十五日。

この日、私の講演会に来た人というのは、危険に対して強い運を持つ経営者であり、君子危うきに近寄らなかった人というのは、中小企業の経営者＝新しいものを開いていく経営者としては、失格。リスクを冒すことなしに、会社の勝機なんか出てくるはずもない。

チャンスには、絶えず危険がともなうものなのである。

リスクと勝機、逆転の発想

阪神淡路大震災が起こってから、リスクマネジメントという言葉が流行している。危機管理能力があるとかないとか、総理大臣の村山さんも大変だが、経営者、それも中小企業の経営者にとってのリスクマネジメントとは一体なんだろうか。

まず危機とは何かを考えてみよう。

日々の過ごし方の法則、鉄則というのは、危険だと思われているときが一番安全で、安全だと思われているときが一番危険だという法則。安全で平和で、気持ちの緩んだときに、危機はやってくる。

ただし、方位学や気学でいう暗剣殺、五黄殺のときに、「大丈夫だ。危険なときは

経営者には、危険と知っていても挑戦する勇気が必至だ

安全だ」なんて行くと、やられる。

数年前、日本代表のサッカーチームが、ワールドカップ出場を目前にした試合で、九分九厘勝ちが決まっていたのに、あと数十秒というところでひょんなことからポーンと点を取られて同点にされ、W杯の夢が一瞬で消えうせたことがあった。カタールの首都・ドーハでの出来事で、「ドーハの悲劇」とまでいわれるほど、日本中に大ショックを与えたものだ。

実はあのときも、日本の代表団は「暗剣殺」という大凶方位で海外遠征に行き、本番も暗剣殺で臨んだのだ。これは「突然に暗闇からブスッとさされる」という意味で、このときの負け方はまさにそのとおりのものであった。

やはり、最低限気をつけるべき原則というものはあるのだ。海外に行くときには、まず吉方位で行くべき。それでも危険が来たら、そのときはしようがない。何をやっていてもそうなる運命だと思うことだ。そんなときには、たとえ海外に行かなくても、車に乗っていれば事故が起きただろうし、スキーをやっていれば骨を折ったかもしれない。しかし、先に私の例であげたように、その危険がかえってプラスになるか、後々、必ずその体験が吉となるだろう。

私が師匠と仰ぐ人物に、植松先生という女性がいらっしゃる。もう六十歳になるが、先生が五十五、六歳のときに、私はスキーを勧めたことがある。ところが、先生はスキーは危険というイメージをお持ちであった。

「スキーは嫌。複雑骨折するわよ。だって、あの加山雄三も複雑骨折したでしょう。三浦雄一郎も大怪我しているし」

そこで私は、初めて先生に反論した。

「世界中のスキーヤーは、全員、複雑骨折するんでしょうか？　日本にはＳＩＡとＳＡＪというプロスキーヤーの団体がありますが、プロになるには、みんな、複雑骨折するんでしょうか」

「ふむ、確かに。そんなことはないわね」

無事、私は先生をゲレンデにご案内することができた。

また、私はオートバイの免許を取りたいと思っているのだが、よく人から、

「オートバイに乗ると事故が起きますよ」

と忠告される。

ご親切に心配していただいているので、

「乗らないよりも、事故に遭う確率は高いかもしれないね」

と答えることにしているが、あなたにはそこで考えてほしい。

何もせずにただ寝ていたって、地震で死ぬ人もいる。トラックが突っ込んできて死ぬ人だっている。人間、死ぬときは死ぬんだと。危機とはそういうものなのだ。

しかも得てして、怖い怖いと思っている人間がやられる。

この法則は、戦場ではとくに有名な話だ。真っ先に突撃して行く者は死なない。

なぜか？　敵が突撃してくると、応戦する側は「おおっ、来た」と思ってから銃を構える。そのために、照準を合わせるまで間があいてしまうのだ。すると、真っ先に来る人間には弾丸は当たらず、後ろから恐る恐るやってくる三人目ぐらいの兵隊に当

たることになるのだ。

いくら気をつけていても、事故に遭うときは事故に遭う。

それを恐れて何もしなければ、チャンスを逃す。新しいこと、未来、可能性といったものが生まれてくるはずもない。危険なところに飛び込んでいく人が、結局チャンスをものにするのだ。

戦うべきときに戦いに徹してこそ、チャンスは拓ける

この、チャンスをつかもうとするハートは、残念ながら、日本の企業では消えかけている。しかし、欧米の企業には、昔も今も強く存在する。

例えば、クメールルージュが劣勢になってからのカンボジア。真っ先に行ったのはアメリカの企業であった。天安門事件後の中国にも真っ先に行く。アポロにしてもス

ペースシャトルにしても、最初にやるのは俺だ！　とばかりに、勇敢に行動する。死ぬかもしれないけれども、やる。こういう進取の精神は、どういうわけか、アメリカ人、イギリス人、英語圏の人に多いようだ。

進取の精神と書いたが、それはなにも英米人の専売特許ではなかったはずだ。考えてみれば、開国以来、日本人のトレードマーク、誇りではなかっただろうか。いつの間にか、安全第一の奇妙な事なかれ主義、官僚的な発想が染みついてしまったのだ。

いつごろからそうなったのだろうか、これはじっくり研究しなくてはならないが、すでに太平洋戦争のころから、その萌芽はあったのではないかと思う。

例えば真珠湾攻撃の南雲将軍。戦争は長丁場だから、船や飛行機を大事にしなければいけないと、アメリカの太平洋艦隊を追わずに、途中で引き揚げてしまった。

敵を徹底的に攻撃することこそ、味方の飛行機や船を大事にすることであるはずなのに、少しばかりの味方の損失を恐れて、攻撃を中途半端に終わらせた。それほど損失を恐れるのならば、真珠湾など攻撃しなければよかったのだ。そこで太平洋艦隊を叩いておけば、カリフォルニアをはじめとする太平洋岸の防衛に力を割かれて、アメリカはヨーロッパ戦線には行けなかったのではないだろうか。

そうなれば、太平洋戦争も結果は変わっていただろうと、私は思う。

誤解しないでほしいが、戦争をしたいとかアメリカが憎いとか言っているのではない。戦争の善し悪しは別として、人は、戦うべきときには徹底的に戦わなければならないということなのだ。

ネルソン精神というのをご存じだろうか。ネルソンとは、ネルソン・マンデラのことではない。一八〇五年、トラファルガー沖海戦でフランス・スペイン連合艦隊を撃滅して戦死した、大英帝国海軍提督・ネルソンのことだ。たとえ自分は玉砕しても、敵を見たらとにかく徹底的に戦う。仮にその戦が、全体から見て無意味な戦いであっても、敵を見たら倒す。それをネルソン精神というのだ。

今の日本人に一番欠けているものは、これだと私は思う。

しかもその精神は、日露戦争のときには、間違いなく日本にもあったのだ。日本海海戦での東郷元帥こそ、まさにそれ。バルチック艦隊がウラジオストックに到着してしまっては、満洲で戦っている日本陸軍がやられる。戦争に負ける。だから、たとえ海軍が玉砕しようとも、バルチック艦隊は一艘も帰さない……。

戦うときのものの考え方は、こうでなくてはいけない。

結果は、魚雷艇が三つか四つ沈んだだけで、我が帝国海軍のパーフェクト・ゲームになった。その魚雷艇も、折からの高波のために沈んだのであって、撃沈されたわけではない。戦艦や巡洋艦には一艘も被害がなかった。一方バルチック艦隊のほうは、巡洋艦が一艘、ぼろぼろになって、命からがらロシアに帰っただけで、他の艦船は全部撃沈されている。

戦うときに、そういう気持ちで行けば、やはり勝つのだ。

危機に向かって敢えて行くときには何かがある。そう思える人間こそ、人に先んじて勝機を得る、いいものをぱっとつかんでいく、チャンスをものにすることのできる人間である。

最近の例で言えば、大リーグ・ドジャースへ行った野茂英雄投手がそうだ。寡黙に、戦いに徹しているからこそ、あれだけの結果を出すことができるのだ。テニスの伊達公子も然り。逆に、ジャンボ尾崎が、アメリカでなかなか一勝を上げることができないのは、戦いに徹することができない何かがあるのだと私は見ている。

自己責任を楽しめば何も怖くない

こう私が主張すると、

「では、リスクを冒して倒産したらどうするんだ、面倒見てくれるのか。自分の肩には、社員と家族の生活がかかっているんだ」

という反論が必ず出てくるだろう。

馬鹿なことを言ってはいけない。甘えてはいけない。誰がそんな逃げ腰の経営者の面倒など見てくれるのだろうか。この景気の下降局面で、行くも地獄引くも地獄のご時世に、座して死を待つがごとき心構えの者に、社員の生活を託されているなどと言ってほしくはない。そんな社長では、社員だって、さっさと見切りをつけるだろう。

少々手きびしいかもしれないが、これは、私自身が安全な立場から高見の見物で言っているのではない。私自身もこの厳しい経済環境の中、中小企業の経営において、汗水たらして乗り切ってきた経験があるからこそ、言う資格があると思って言っている。経営者、とくに中小企業の経営者は、大企業のサラリーマン社長とは違った意味で、まことに孤独なのだ。やめればすむのか？　やめられはしない。資金繰りから営業から、すべてを一人で引き受けて、首くくるも自分、夜逃げするのも自分、そして、儲かってニコニコするのも自分なのだ。

そういう立場を楽しめなくて、なお経営者だと言えるのだろうか？　そこには、経営者マインドというものは、もはや存在していない。

責任を恐れる心、自己責任への無自覚。情けないことに、それは、日本人の心から、

戦うときは徹底して戦え。それが経営勝利の道だ

野心や冒険心やジャパニーズドリームとも言うべきものが消え去ってから、蔓延した現象だ。ところが、また欧米の話になって恐縮だが、欧米では自己責任の思想はいまだに健在なのである。

欧米の人間というのは、そこに新しいビジネスチャンスがあれば、たとえ潰れてもいいから、新しいものにチャレンジしていこうとする。フロンティア精神でぶつかっていこうとする。失敗するも成功するも全部自分持ちで戦う。マイクロソフトのビル・ゲイツやCNNのテッド・ターナーがその典型だろうが、そんな人間がアメリカには掃いて捨てるほどいる。

日本人にそれがゼロだとは言わないが、どうも安全第一というのが、最近の日本人の性質になってしまったようである。

「痛いのも、気持ちいいのも自分持ち」

という考え方が身に付いている欧米人というのは、危険なところへもどんどん行くが、十分に気をつけて行く。それこそが、自己責任の本当の姿なのだ。

アフリカで、日本では考えられないようなことがあった。

私が泊まったホテルの庭に、

「これから先、奥へ入っても責任は持てません」

と看板がかかっていた。

いったい何事だろうと思って聞いたところ、その奥には湖があって、そこにカバがいるのだという。ホテルの庭から細長い小道を辿れば、すぐにその湖に出ることができる。柵もなければ、鉄条網もない。

ホテルの説明によれば、以前、イギリス人の宿泊客が、カバに食われて死んだことがあるというのだ……笑ってはいけない。朝、内臓破裂の死体が発見されたというから、恐らく、くだんのイギリス人は、夜の間に、その小道を歩いたのだろう。ところが、カバというのは夜行性の動物で、動くものには、とりあえず反射的に（！）かぶりつくのだそうだ。

そういう事故があったために、ホテルとしては一応、注意を喚起する看板を立てたのだが、ではその小道に入らなければホテルが責任を持ってくれるのかと言うと、別に責任を持ってくれるわけでも何でもない。人間は行かなければいいだけのことだが、柵があるわけではなし、カバのほうは自由にホテルの庭にやってくるのだ。

つまり、その看板の本当の意味は、

「カバが来たなと思ったら、自分の責任において、さっさと逃げなさい」

ということなのだ。

これが日本であったら、ホテルの管理責任だの、柵を取りつけろだの、過剰で過保護な反応をするに違いない。

そして、そういう平和ボケを不思議だとも何とも感じていないところに、日本人の最大の不幸があるのだ。

会社を大きくする人とは？

中小企業経営者のリスクマネジメントはどうあるべきか、おわかりいただけただろうか？　守りに入ったらおしまいだということを、肝に銘じていただきたい。安全というのも、あまり考え過ぎては、新しいものに挑戦することができず、ひいては、勝機を逸する結果となるのだ。

攻めの姿勢を保っているか？

自己責任を楽しんでいるか？

常にそこをチェックしてほしい。会社が、泣かず飛ばず中小のままで終わってしまうか、大きくなっていくかは、そこがターニングポイントになる。

ただし断っておくが、何も準備せず気をつけることもせずに、単なる楽天主義で乗り切っていけるという意味ではない。例えば、先にあげたように、方位学でいう暗剣殺・五黄殺も無視して、何にでも飛び込んで行くのは暴虎馮河《ぼうこひょうが》。無謀なだけだ。大切なのは、誰もやったことがないところに、誰よりも早く行って、危なかったら誰よりも早く帰ってくるということ。それが、成功する秘訣だ。そうやれば、どんな仕事であっても、どんな業種であっても、必ず成功する。

何といっても、真っ先に行くというチャンスに恵まれた人、またそのときに「よし行こう！」と攻めの心構えを持てる人というのは、神様や守護霊やご先祖様に守られているはずなのだ。

リスク分散の具体的で効果的な方法

ネルソン精神、チャレンジ精神を持った日本人といえば、脳溢血で倒れはしたけれども、ソニーの盛田昭夫氏を筆頭に挙げていいだろう。

盛田さんに逸話は多いが、私が一番感動したのは、五十歳を過ぎてからテニスとスキューバ・ダイビングを始めたということだ。なんでも、政財界の人々と一緒に風呂に入ったときに、人間は、足腰から老化するんだとしみじみ感じて、足腰の鍛錬だと始めたらしい。

さらに、六十歳になってからはコーチについてスキーも始めている。それだけでもすごいのだが、もっとすごいのは、カナダにあるスキー場のオープンセレモニーに招かれて、デモンストレーターとして大回転を滑り通したことだ。それが、なんと六十七歳のときの出来事だ。

大回転競技というのは、スキー靴とスキー板を足にがんじがらめに結びつけて滑るから、一歩間違えると、本当に骨折してしまう。それが、六十七歳でデモンストレーター役を無事果たすとは……。経営者がそういうチャレンジを続けるハートを持っているからこそ、東電工という中小企業が、海外進出を果たして、ソニーという世界的な大企業に育つことができたのだ。

一般のアメリカ人で、ソニーが日本企業だと認識している人は案外少ない。世界的な企業としてのありようが、今、自動車摩擦を引き起こしているトヨタ・日産などとは、本質的に異なっているのだ。アメリカ人だろうがイギリス人だろうが、盛田昭夫の精神力、気合い、チャレンジ・スピリットには感動する。ひいては、ソニーというブランドに対して、国境を越えたシンパシーも持つというわけだ。

器の差というのはそういうことなのだ。ただ単に頭がいいとか、金の計算ができるというだけでは経営者とは言えない。それよりも、危険なことでもやるんだというスピリット、チャレンジができなくなったら、もう自分は企業家としては最後なんだという気持ちが、何よりも経営者には必要なのだ。

話が横道にそれたが、逆の見方をすれば、本当に危険なのは、現状維持の気持ちが出たとき。売り上げが伸びているときと安心しているとき。これは、大変危険な状態だと思ったほうがいい。

一生懸命にやれる人でも、必死の思いでやった後は、とかく反動でリラックスしたくなる。それを悪いとは言わないが、その次にまた恐怖の谷間が（これは、必ずやってくる）やってきたときに、悲壮感を持たないことだ。必死の思いで頑張る限りは必ずうまくいくんだと、そう思って悲壮感を持たないことだ。

そして普段から、攻撃的なリスク分散を図っておくこと。

万事調子よくいっている会社ほど、売り上げが落ちたときの反動は大きい。中小企業の場合、好調が二年続くと三年目にはバーンと落ちるパターンがほとんどだ。それを避けるためには、攻撃的な舵取りをするしかない。

利益が出ているときに、思い切ってひと味、ふた味、一ひねり、二ひねり攻めていく。業界誌をよく見て、成功しているパターンを絶えず勉強する。自分の会社の業種の中で、成功しているパターンを取り入れる。

言っておくが、公認会計士も税理士も信用してはいけない。銀行のアドバイスも信用してはいけない。証券会社の分析なんか論外だ。そういう頭のいい人たちは、既に結果の出たものについて、ああだこうだと分析するだけなのだ。中小企業の経営に評論家はいらない。誰も考えつかなかったことをやらない限り、成功の二文字はやってきはしないのだ。

「強い頭」の時代がやってきた

では、ネルソン精神、チャレンジ・スピリットを持続させるために、経営者はどういう工夫をすればいいだろうか。

答えを先に言ってしまえば、考える力を老化させるなということだ。

故松下幸之助翁は、ご存じのように貧乏で学歴がなく病気がちだったが、絶えず考えていたそうだ。

松下翁の著書に、口癖のように出てくるのだが、松下翁は、考えて考えて考え抜いた結果、ふと浮かんできた「姿」でものごとを判断していたらしい。ふと浮かんでくる……これは神道で言うと、奇魂《くしみたま》（自らの魂のうち、ヒラメキなどを司るもの）、守護霊、白蛇、白龍などがフワッと教えている状態なのだろうと私は思う。

考える力が老化し、考える力をなくすとどうなるか？　致命的な症状は、経営が面倒になるということだ。新製品？　もういいや。来年度の目標？　今のままでいいじゃないかとなってしまう。

そもそも「現状維持」など、あり得ない話だ。時は常に流れ、時代は絶えず変わるのだから、現状維持とはイコールじり貧なのだ。ライバル会社も絶えず進歩向上している。万が一「これでいい」と考えたら、会社は必ず衰退し、やがて潰れていく。

人に聞いた話、セミナー、本、そういうものに影響されて、考えが揺れ動くようになったら要注意だ。自分自身の本来の考え方がどこかに消えている。これでは判断を誤るし、そんなことで失敗しては、後悔するだけだ。経営者たる者、成功するも失敗するも、自分で判断しなくてはいけない。考える力が老化した社長、その任にあらず。相談役にでもなっていただくのが、世のため人のためというものである。

チャレンジ精神こそ、企業発展の秘訣だ！

考える力の衰えない経営者というのは、松下翁のように、絶えず経営のことを考えている。新製品をどう開発するか、どうすれば売り上げが上がるか、従業員の悩みをどう聞くか、面倒臭いと思うこともなく、考える。それが健全な経営者だ。だから、経営者としての実力を維持するためには、考える力を老化させないこと。むしろ考える力を強化していくこと。すなわち、「強い頭」を作ること。これからは「強い頭」が必要な時代なのだ。

頭にも、切れる頭、シャープな頭、電球頭と、まあ冗談を交えて、いろんな頭があるが、切れる頭というのは脆《もろ》い。なまじ先が見通せるものだから、客観的に見るとだめだというときには、トライせずに諦めてしまう。そして精神的にもダメージを受けてしまう。例えば住友銀行元頭取の住田さん。あれほど優秀な人でも、栄光の道がだめになると、未来はもう考えられなくなる。ジ・エンドになってしまう。

これでは中小企業はやっていけない。

一番いいのは、どんなに問題を抱えていても、決して投げ出さず、焼き切れずに考え続ける頭。これが私の言う「強い頭」だ。やるべきことはやる。それで失敗したら、駅前でたこ焼き屋をやるのもまた人生、と超然とできる「強い頭」があれば、中小企業は潰れない。不渡りを食らっても、売り上げが落ちても大丈夫。業界が不況に見舞われようと関係ない「潰れない会社」になれるのだ。

本を読むなら評論、小説はダメ！

考える力の老化を防ぐにはどうしたらいいか、具体的な方法をお教えしよう。簡単なことだ。評論文を読み続けるべし。

いくつものことを、粘り強く永続的に考えていく力というのは、小説好きには生まれない。小説というのは、ストーリーに酔いしれ、感情移入しておしまいである。どういうものか、女性に多い。だから、女性の経営者というのは、あるところまで来ると、もうだめ、やっていけない、やってちょうだい、と会社を投げ出すことが多い。この本をお読みの女性経営者にはそんな方はいないと思うが、もしそんな気持ちが湧いたら、自戒していただきたい。

私なども、五日から一週間、評論文を読まないと、体から発散する気がフワーッと、ばかっぽい気になる。ただ、感情だとか情感は研ぎ澄まされていくので、神仏とのおつき合いや音楽、芸術活動のほうがよくなる面はある。

気をつけたいのは、今という時代は、考える力がどんどん奪われる時代だということ。とくにテレビ・ラジオはひどい。ニュース、情報、評論家の言葉が、勝手に耳に入ってくる。向こうから出てくるのを無批判に聞くだけ。思索をめぐらすということがない。考える力はますます衰えていくわけだ。

まして体は老化していく。女性は二十七歳、男性は三十五歳がターニングポイントで、肉体的なポテンシャルは低下するのに、年をとればとるほど、果たすべき役割と責任とストレスは増えていくものだ。ただ、よくしたもので、総合的には、脳の働きが一番活発なのは五十代だという。

しかし、残念ながら記憶力というのは衰える。だから私など、外国に行くと必ずカンツォーネを覚えて帰るようにしている。行く前に楽譜を買って、飛行機の長い移動時間でブツブツと歌詞を覚え、トランジットの空港や外国の街角で歌いまくって練習する。

やってみるとわかるのだが、若いころに比べると、覚えるのに五倍から六倍の時間がかかる。そのうえ、忘れる。しかし、忘れる以上に反復してやれば、必ず覚えることができる。心理学では、四十八回反復すると覚える、と証明されているのをご存じだろうか。四十八回やらないから覚えられないだけなのだ。だから、記憶力に関しては、老化を恐れることはない。

問題は考える力であって、それを維持、強化する最善の方法は、絶えず評論文を読むことなのだ。

「小説はだめだと言うが、司馬遼太郎だとか山岡荘八だとか吉川英治だとか、歴史小説を好む経営者は多いではないか」

という反論もあるだろう。しかしこれは、読み方の問題だ。単におもしろいから歴史小説を読むという経営者が、考える力を維持できているとは思えない。トップ中のトップは、まず歴史小説を読み、次に、時代背景や疑問点について歴史評論や原典を読んでいるものだ。

一番いいのは哲学書と宗教書

つまりストーリーを追うという読み方がだめなのだ。一般の人はそれでもいいだろう。しかし、経営者はだめ。入口としての歴史小説であれば、許せはするが、次には評論文の読解を続けること。評論文ができたら、次に哲学書に行く。

小説、評論文、次に哲学書、それから宗教書という順番でトライする。

宗教書といっても、H氏が手広く書いているような、わかりやすさを主眼にした解説タイプのものは……悪くはないが、もっときわめたところの宗教書がいい。一番良いのは、バイブルとか仏典を直接読む。あるいはその解釈ぐらいの宗教書だ。

「親鸞上人の一生」というのは……親鸞の勉強をするには、宗教書と言えるかもしれないが、やはり『歎異抄』か『教行信証』がよい。

日蓮宗なら、『立正安国論』で日蓮は何を言いたかったんだろうと、現代訳でもいいから読んでみる。『立正安国論について』という学者の本も読んでみる。日蓮上人の伝記もまあ良いが、絵本みたいなものを、わかりやすいからと買ってくる人もいる。一般の人はそれでもいいが、経営者はだめだ。

「強い頭」を作るには、弘法大師様の『弁顕密二教論』とか『十住心論』だとか、『十住心論について』というぐらいの本を読まなくてはいけない。一部上場企業の社長というのは、みなさん、年をとってもそれぐらいの考える力を持っている。

よく考えてほしい。

一部上場企業の社長たちと同じ程度の知性や考える力と、裸一貫でやってきた中小企業社長のド根性と、両方を備えたら、これはもう間違いなく経済人としてはトップだ。どんな時代になっても、絶対に、小さい会社を大きくする経営者になれる。病気で、学歴がなく、貧乏だった中小企業のおじさんが、天下の松下幸之助になるのだ。

宗教書を読んで、おもしろい、楽しいと感じるだけの読解力がついたら、そのときは、また小説に帰ればいい。より深く読みこなせるはずだ。深く読みこなす読解力、これこそがトップに立つ人間の、判断力なのだ。

地位の差とは読解力の差である

すべての文化の基本は母国語にある。

学問的には、もうずいぶん前から指摘されていて、教育界では、「考える力の復権」

が主要テーマになっていた。「考える力」の根幹をなすものは、当然のことだが、母国語の力、それも読解力だ。

それを受けて、文部省の指導要領の改定でも、「考える力」を養成することと、その方法としてのメディアリテラシーが大きなテーマになっている。これまで、画一的金太郎アメ状態の青年を産み出してきた、教育方法・受験制度への批判と反省からだ。日本の将来を憂える産業界からの批判も強烈だった。

そのことを端的に裏づけるエピソードをご紹介しよう。

読売新聞だったと思うが、一部上場企業の管理職・経営者の国語力をテストしたことがある。古文、漢文、現代文の論旨要約だとか空欄補充だとかの試験だ。テストの後、役職別の平均点をとってみたら、実にみごとなまでに、役職による国語力の差が明らかになったのだ。地位別の平均点は、係長クラスが六十五点、課長が七十点、部長八十点、取締役八十五点、社長九十点という結果になった。

いかがだろうか。地位の差とは、まさに国語力、読解力の差なのだ。

決断をしたり、懸案事項を解決する立場の人は、考える力が、深く、広い。それを見識と言うのだろうが、もののみごとに、結果が数字に現れている。

もう一つおもしろいのは、イギリス銀行協会の調査。イギリスで頭取になっている人は、どんな本を読んでいるのかという調査を行った。そうしたら、シェークスピアをこよなく愛している人が一番多いという結果が出たそうだ。計量経済の専門書でもなければ、財政論の専門書でもない。

シェークスピアの作品というのは、よしも悪しもわかったうえで、人間を肯定的に見ている。そのシェークスピアを鑑賞し、読解し、愛するだけの中身がある人でなければ、イギリスでは銀行の頭取になれないということだ。そこが実におもしろい。

専門的、技術的なことは、コンピューターや技術者に任せればいい。上に立つトップは、考える力、咀嚼力、国語力、読解力を求められる。年をとっても、それが衰えないような努力をしているということなのだ。それこそが、経営者として、社長としての責任である。

「強い頭」で自分の次元を高め、社会貢献をする

読書のペースだが、できれば一日一時間。できなければ、三十分でもいい。朝でも夜中でも、とにかく毎日読むようにしたほうがいいと私は思っている。

一日三十分。馬鹿にしてはいけない。酒を飲んで帰っても、日中どんなに忙しくて疲れていても、必ず一日三十分、本を読む習慣をつける。すると、月三冊から四冊は読めることになる。年間で三十六冊から四十八冊。五年もたてば、軽く本箱一杯分の読書量になる。

「船井流経営法」で有名な、船井総合研究所の船井幸雄さんの就寝時間は、夜十一時。朝四時に起きて、本を読むそうだ。船井さんは「今月読んだ本」を紹介していらっしゃるのだが、「今月は少ないですね」と言われぬよう、励みにしているのではないかと、密かに私は踏んでいる。

それは船井さんなりの努力なのだが、皆さんも、読書を習慣づけるために、なにかしらノルマを課して始めるといい。

不思議なもので、読書の習慣がつけば、面倒臭いという気持ちは次第に消えていくものだ。年をとっても、考える力を維持することができる。人に話をするネタがいつも吸収でき、より高い見識を持つこともできる。積極的で前向きで、新しいプランと説得力に満ちていく。

経営者がそうあってこそ、零細企業が小になり中になり、あるいは大企業になることができる。その結果、商工会議所、経済同友会、経団連といった経済団体での活動や、経済活動そのものを通して、社会に役に立つことができるようにもなる。

少なくとも、それぐらい次元の高い「自分づくり」を考えるべきではないかと、私は考えている。

地位の差は、国語力、読解力の差だ！

第二章

経営エネルギーを満タンにする法

情緒不安定なときに判断を誤らないコツ

経営者は、常に精神を安定させておかなければならないというのは、論を待たない。しごく当然の話で、正常な判断――ここで言う正常な判断とは、常識を言っているのではない。経営者自身が、本来持っている判断基準ということだ――ができない状態で判断をしても、経営を誤るだけだ。

とはいっても、経営者とて生身の人間である。夫婦げんかもあれば、愛人問題で悩みもするだろう。そんなときに、いかに自分を正常な状態に戻すか、その方法を体得しておかなくては、経営者としての責任を全うすることはできない。

その方法を、私の体験を通してご紹介しよう。

阪神淡路大震災の折、私はすべての仕事をキャンセルして駆けつけ、一週間、兵庫県芦屋の事務所で救援活動の指揮をとっていた。

　一週間も東京を留守にすると、仕事が溜まりきっており、帰らざるを得なかったのだが、すでに私の神経は正常ではなくなっていた。

　テレビを見ると、家がなくなり、家族がなくなり、職場もなくなり、どうしたらいいんだろうという、絶望的な世界を思い出してしまう。寝ようとして目をつぶると、倒壊したビルや家々が見えてくる。ぐねぐねとうねる道路も浮かんでくる。被災地の光景が、強烈に意識にプリントされているのだ。東京へ帰ってきたときに、一番不思議だったのは、道路や家が真っすぐなことだった。

「おい、何で道路が真っすぐなんだ」

「先生、ここは東京です」

　そんな会話をしたほどだ。被災地では、

「母が亡くなりました」

「家族が亡くなりましたが、本人は助かりました」

「スタッフの妹のご主人のおばあちゃんが亡くなりました」

といった報告を受け、心の底から愛情を向けて救援活動をしていたので、帰っても余波が残っている。とにかく、何もする気がしない。何もする気がせずに、ぼーっと気持ちが沈んでいる。新聞を見ては、またどおーんと気持ちが沈む。こんな無駄な時間を送りたくないと思うのだが、本を読む気もしないというありさまだった。

それで、これも勉強だろうと、ビデオを借りてきて、ずうっと見ていたのだ。「ターミネーター」だの「バック・トゥ・ザ・フューチャー」だの「ジュラシック・パーク」、あるいは「仮面のアリア」だの、二日間で六本もビデオを見た。二日目には連続四本も見た。

すると、今度は目がワナワナとして、朝になっても眠れない。ぼーっとして何もできないものだから、さらに昼まで見て、もう眠れるだろうと寝たら、まあ、強烈な霊障に襲われてしまった。霊障というのは、霊の障《さわ》りのこと。おそらく、地震でなくなった方たちの霊がついてきたのだろう。その痛みを感じてしまうのが、経営者であると同時に神霊家でもある身の、つらいところである。

大震災での情緒不安定の余波が残って……

頭が万力で締めつけられるような痛みで、吐きそうになって七転八倒、苦しくてのたうち回った。何人か人を呼んで、頭を揉んでもらったのだが、いっこうに収まらない。結局、夜の七時から朝の六時まで、お祈りしながら霊障と戦っていた。

その霊障の理由はすぐにわかった。

霊障で苦しんでいるときに、神様があらわれて「暇なときをつくるな」とおっしゃったのだ。私が暇なので、神様が霊障をくっつけて、その霊の救済に使ったわけだ。短時間なら遊ばせてやる。一日も二日もぼおっとしてはいけないということなのだ。おかげで、私の精神は覚醒したのだが、まだ精神力が十分でない。しかもその日、私はきわめて重要なジャッジを下さねばならなかった。

というのも、もう十八年間、私が経営に携わっている予備校が、ちょうど募集シーズンに突入していたのだ。学校経営というのは、二月、三月の募集で勝負が決まってしまう。万が一、これを外すと、もう潰れるしかない。

前日にスタッフから、そのための相談に来たいという連絡があったのだが、とても応じられる状態ではない。震災の光景が浮かんで、気持ちが落ち込んで筋肉が萎えているときに、今年の学校の運営をどうするかなどという重要案件をアドバイスしたら、絶対に判断を間違える。その方針は必ず狂っている。

それがわかっていたので、「今日聞いても、正しいジャッジができない。明日の夜十時に来てくれ」と言った、その当日だったのだ。

つまり経済人としての私は、何が何でも夜十時までに、前向きで、発展的で、意欲に満ちて、エネルギッシュで、明るくて、楽天的な姿にならなくてはならないのだ。未来は前途洋々と輝いているという精神状態の自分に立ち返って、そして、今年はこうするぞ！　と決める。それが経営者の正しい判断の仕方だ。

しかし、この状態をどう打開すればよいか。朝六時十分、私は知人のT先生に電話した。

「T先生、これからゴルフに行きたいんです」

「はあ？　十分に今日は元気ですから、いいですよ」

「行きましょう」

七時に出発して、九時半には伊豆のゴルフ場に着いた。

なぜゴルフなのか？　しかもこんな状態で。

実を言うと、それまでの十日間、一日に一時間か二時間しか寝ていないうえに、一日一食しか食べていないものだから、体がげっそりやせて筋肉が萎えてしまっていたのだ。精神も筋肉も萎えた状態。健全な肉体に健全な精神は宿る。だから、まず筋肉を復活させなくてはならなかった。

その状態で一睡もせずに自分を回復するために、テニスは無理でも、ゴルフだったら何とか行けそうに思えたのだ。いわば、大人のピクニックである。景色のきれいなところで、気力を回復し、筋肉を叩きおこす。その間に、棒を振り、球があるだけのことだ。筋肉はワナワナになったが、食事もし、筋力が回復して気分がすっきりした。

筋肉とは、神道でいう荒魂《あらみたま》と関係している。荒魂とは、根性や忍耐力、やるぞ、という意欲などを司る。だから意欲が萎えている時、無理にでも体を動かして筋肉を刺激すると、また気力が湧いてくるのだ。

おかげで、自分本来のアドバイスを行うことができ、現在、その予備校も順調にいっている。

ゴルフという遊びをする人は多いが、経営者にとってのスポーツというのは、遊びではすまない要素を持っている。そのことを知ったうえで、軽い運動から激しい運動まで、やっておいたほうがいい。スポーツは、自分を回復するための道具なのだ。

経営者の終わることのない苦しみは、魂の修練だ

さて、経営者というのは、なぜ会社の経営をしなければならないのだろうか。

名誉のため？　金のため？

しかし、その果実を手にすることはできないかもしれない。それに何より、経営者

の苦しみに比べれば、あまりにもその報酬は小さいと言わざるを得ない。何のために、経営者は絶えざるプレッシャーと、責任と、緊張、精神と肉体の負担、寝不足と過労といった「苦」の中にいなければならないのだろうか。

しばらくゆっくりしたいだとか、逃れたいと思っても許されはしない。

では、どうすればいいのか？　どうすれば救われるのか？

答はただ一つ。その「苦」の中に、自分から飛び込んでいくことだ。

人はみな、魂を磨かんがために、この世に生まれている。そして、第一章で少し触れたが、経営者は会社の経営を通して魂を磨き、向上するために生まれている。売り上げを上げるためでも、会社を繁栄させるためでもない。健康になるためでもなく、家族を幸せにするためでもない。それが、生まれてきた本質なのだ。

そういう意味では、すべての企業活動は、成功するも、倒産するも、一種のゲーム。御魂《みたま》磨きという本質を行うための媒介であり、遊びのようなものといえる。「だったら出家でもして、山にこもって修行すればいいではないか」という人がいるかもしれ

大きな苦の代償として、大きな成功がある

ない。しかし、白隠禅師は「動中の静は、静中の静よりはるかに難しい」とおっしゃっている。山にこもっていくら悟りを得ても、街におりたらさまざまな刺激がある。雑音がある。あれやこれや煩雑な毎日の中で、保ち続けて生かすことができなければ、その「悟り」には意味がない。

神道では、生成化育、進歩発展することが貴いという。また、生活の中に生きて生き貫くことを貴いとする。この現実世界の荒波の中で自らを磨き、物事を進歩発展させ、生きた「悟り」を得ることが、そのまま神意に沿っているのだ。だから、現実の生活と企業運営から免れるべきではない。

生活の中に生きることが貴いからこそ、「苦」を避けずに渦中に入って行くと、魂が、かあっと奮い立つのだ。これは、神道でいう「たまふり」の状態である。魂が奮い立てば、苦しいけれども、「苦」を忘れている状態になる。

守護霊や神様の応援が加わって、「苦」以上の「喜び」や「エネルギー」や「歓喜」を与えてくださるから、「苦もまた楽し」つまり、苦を忘れている状態になる。これを、苦中楽あり、楽中苦ありと言う。苦楽の道は人生の本質なのだ。

言葉を変えれば、苦の中にあえて飛び込んでいく勇気、魂の力、意欲、命、意思の力、それは、結局、苦を制するということだ。苦が大きければ大きいほど、そこから得られる楽、歓喜感動はより大きいものになる。大きな幸せというのは、大きな苦というものを前提にしているわけだから。

経営者は常にエネルギッシュで楽天的でいろ

時として経営者は、社員をやめさせたり、事業から撤退せねばならないこともある。そういう場合にも、前向きに、発展的に、意欲に満ちて、エネルギッシュに、楽天的に撤退していかなければならない。

成功している経営者に、前向きでない人はいない。発展的でない人もいない。小企業でも、中企業でも、大企業でも、あの人は成功者だという人は、みな、前向きで発展的だ。仮に、頭脳明晰で家柄もよく、資金力もあるけれども、暗くて悲観的な人がいたとしても、そんな人が成功するわけがない。

なぜなら、人は頭だけで動いているのではないからだ。頭の奥には心があり、感情があり、魂がある。そして魂は神様につながっている。当然ながら、明るく前向きで発展的な心のときには、神様も喜ぶから、いい「気」がめぐり出す。そして、その「気」によって、目に見えない「知」、すなわちヒラメキや発想の出方が全然違うのだ。これは、体験してみればすぐに納得できることだ。

前向き、発展的、エネルギッシュな状態で、初めて「知」というものの健全なる働きが約束される。そういう状態で決断し、判断し、進めたことはうまくいくのだ。

撤退するときだって、アントニオ猪木みたいに「やってやろうじゃないか」とファイトを剥き出しにしながら、「ちょっと待とうかあ」と、相手の様子を見る。猪木も最近、卍固めする体力がないもので、スリーパー・ホールドばかりだが、後ろに退いたり、避けたりしながら様子を見て、ある瞬間、ぱっとスリーパー・ホールドを決めて、猪木が勝つ。これができるのも、エネルギッシュな「気」が横溢しているからなのだ。

マイナスの気を避け、エネルギーに満ちた状態に持っていく方法

取締役会。

大企業では取締役会というのは立派な会議だが、中小企業の場合は、取締役会というのはほとんど「お茶でも飲む会」になっている。それでも、取締役が「どうしましょう」と社長に決断を迫ってくる。そのときに、自分がどういう精神状態なのかを確かめて、もしも「気」の落ちている状態であれば、すぐに対策を取る。

対策はゴルフでもパチンコでも釣りでもいい。

ただし、パチンコなら、勝つまでやる。勝たないまでも、「やったあ」という状態にまで持っていく。魚を釣りに行くもよし。ただし、絶対に魚のいる釣り場に行って、釣るまで帰ってこないことだ。

あまり勧めはしないが、犬をなぐる蹴るして、「わしの言うこと聞かなかったらこうなるんだぞ。よーし」というのが快感だという人は、それでもいい。それまで、嫁さんにぼろかすに言われながら、しょんぼりとしていたのが、犬をいじめることによって、自信を回復する。とにかく、いい状態に自分を持っていくことが先決である。犬には、後で上等の肉を持って「ゴメンな」とあやまりに行けばいい。

嫁さんも社員も、決して思いどおりにはいかない。今、経営者の思いどおりになるのは自動車だけだと、冗談を言う人もいるが、自動車を運転して、「わしの思いどおりになった」ということでもいい。とにかく何でもいいから、取締役会などの会議に出るときは、自分のテンションを上げておく。

そうしておかなければ、仮にお祈りして神様がかかっても、「気」の落ちている状態におりてくる神様だから、「去年に勝るほどの進歩をして、発展しなきゃいかんよ」と言ったところで、相談に来た人間はその気になりはしない。

カラオケでガンガン歌って、サクラに拍手させるのはどうだろう。

泣き女という職業があって、故人が立派だったと葬式に来て泣くという。それと同じで、拍手女というアルバイトを日給五千円で雇ってはどうか。ただひたすら拍手とヨイショ。

「うわーっ、すごい、最高！」

「うわーっ、上手！」

「うわーっ、天才！」

「ウフフフ〜ン、よし、君たち、未来は前途洋々たるもんだあ」

という気分になって、取締役会に臨む。一年の方針を決める。

経営者がエネルギッシュでないと、社員も元気にならない。社員だって、どうしようかと考えあぐねた末に、経営者のところへ聞きに来ている。いずれ自分も決断を出さなくてはならない。だったら、前途洋々で、楽天的で、エネルギーに満ちて、意欲に満ちて、発展的で、前向きにやろうという気持ちで決断する。社員もそれに影響されて、やる気に満ちてくる。たとえ二人、三人の社員でも、みんなが頑張ったら、会社は成功するのだ。

だから、取締役会だとか、大事なことを決める前には、用心深く、「気」を低下させる人間やトラブルを遠ざけておくこと。とくに、前日に夫婦げんかはしないこと。そして、愚痴っぽい人間からは離れておく。

しゅうとさん、しゅうとめさんで、ブツブツブツ言う人が、けっこういる。

「お医者さんへ行ったら、こんなに薬もらったけど、薬くれればいいというもんじゃない。でも、あのお医者さんへ行ったら、全然薬くれないし……」

「おばあちゃん、わかったから。先生を信頼して大丈夫だよ」

「あの先生はやぶ医者で……」

「嫌なら、ほかのお医者さんへ行けばいいじゃないの」

「だけども、ほかのお医者さんへ行ったら……」

こんな愚痴を二時間も聞かされて取締役会に行ったら、もう、会社なんかやめようかという気持ちにもなる。絶対に、そんな話を聞いて出席してはいけない。奥さんや子どもとも、必ず「明日にしよう」と逃げることだ。相手の「気」を受けるから自分も沈んでしまうのだ。会議直前に言わなくてはならないことはあるだろうが、それも一日か二日先送りする。とにかく、その日は避けることだ。

経営者の持つべきメンタリティーとは？　危機をねじり返すバネ

儲かっている会社、業績のいい会社は、共通して持つ雰囲気がある。

熱気というのだろうか、全社員が、意欲を持って、やる気に燃えて、会社を愛して、積極的に何かをやっている。

逆に、業績の落ちた会社というのは、まったくこの逆。社員が意欲を失って、あらゆることにブツブツ不平を言って、消極的で何もトライしない。これではいけない。だから経営者は、仮に銀行から融資はしませんと言われていても、

「今年はボーナスが出るか出ないかわからないけども、限りなく出るのに近いという夢を見た。僕の夢は実現する……場合が多い。君たちの努力次第で、僕の夢はきっと実現すると思うんだ。ね、今年はいい年だぞ」

と言ってやる。それで、社員が「それえ！」とやる気になったら、売り上げが上がって本当にいい年になっていく。

会社の雰囲気は経営者が作るものなのだ。横波食らって、タイがえら立てしているみたいな状態になっても、決してだめだと思ってはいけない。雰囲気をぶわっともとへ返していくことだ。

伊達公子を見習ってほしい。

彼女は、テニスの何たるかがわかったと言っている。

一流プレーヤー同士の戦いになると、実力が均衡しているから全部のセットはとれない。勝つか負けるかというのは、精神力の勝負になってくる。例えば、デュースの応酬になったとき、「もうだめじゃないか」と思うと負けるのだそうだ。伊達はデュースの応酬に精神力で勝ってから、次のセットもとって優勝した。

最後の力を振り絞ったうえで、勝つか負けるかというのは、もう、精神力なのだ。接戦のときにも、苦戦のときにも、負けないでやるメンタリティーのある人が、チャンピオンになる。

相撲でもそうだ。横綱になる人間というのは、さあもうこれで投げられたかというときに、土俵に足をかけ、〝残った残った〟と、また戻す腰の強さを持っている。腰が砕ける人は横綱になれない。

経営者も同じことだ。売り上げがなくなる、社員が持ち逃げする、融資をストップされる、税務署が来る、地震で家がだめになるとか、何かしら横波は食らう。そういうときに、ガタガタと来る人間は、そもそも実力がない。ガタガタしながら、そこでまた、〝残った残った〟とねじ返していく粘り、ばねのある人間は必ず成功する。

そういう経営者のもとでは、たとえ会社が横波を食らっても、全社員がますます意欲とやる気に燃えて、会社を愛して積極的にトライしていくという社風が、すでにできている。会社にそういう気運があれば、必ず売り上げが上がって、必ず利益が上がる。

中小企業経営では、いわゆる「優秀な人材」よりも、このことのほうが、はるかに重要なのだ。

無形の経営・中小企業の人事

よく、うちにはいい人材がいないと嘆く経営者がいる。

会社に優秀な人材がいるというのは、無論、悪いことではない。

粘りとバネのある人間こそ成功する経営者の資質

ただし、優秀な人材に引き込まれて、まああの人材がくるという意味においてはだ。

魚が百匹来た中で、一匹だけがタイであるよりも、クロダイやアマダイが五、六匹来たほうが、中小企業にとってはいいのだ。もっといいのは、クロダイが五匹にアマダイが十匹の中に、マダイが一匹来るという夢のような話。

大企業になると、イシダイ、クエと、でっかいのが粒ぞろいでやって来る。しかし、中小企業の現実は、ほとんどがオキアミみたいな人間。餌みたいな人間。アジ・サバならいいほう。アマエビみたいな人が来たら、とても魅力的だ。ほとんどはオキアミ。人様に食べさせるような身を持っている人材ではない。

中小企業では、人材というのは、そういうふうに少しずつ来るものなのだ。そういう点を考えず、社員がああだこうだ、社員がこんな失敗した、と経営者が嘆くのは、そもそもポイントがずれている。

ぐちゃぐちゃばらばらな社員で、ろくな社員でなくとも、売り上げが順調に伸びていて、利益が出ていたら、これは立派な会社、立派な経営なのだ。それを維持できて初めて、少しずつ少しずつ優秀な人間が来る。十年、二十年かけて会社が整っていく。エキサイティングで明るく、発展気運のある社風づくり、社員の気持ちづくり、そういった無形の経営がまず先。有形の経営は後。これがものごとの順序というものだ。

だから、中小企業にとって、中小企業経営者にとって、人事というのは派生的な問題だと思ったほうがいい。本質的な問題は、売り上げが上がっているかどうか、利益が上がっているかどうかなのだ。

ぐちゃぐちゃの従業員でいい。ばらばらの社員でかまわない。妖怪変化、ゲゲゲの鬼太郎一家のミーティングのような取締役会、大いに結構。砂かけばばあと、猫娘と、一反もめんとが集まって「どうする鬼太郎！」でもいいのだ。

それら妖怪変化が、鬼太郎とともに頑張ろう！　という意欲に満ちていることが大切なのだ。そういう会社が、売り上げが前年度比一五％伸びた！　利益率も〇・一％伸びた！　ということになる。これが健全な中小企業の経営というものだ。

だから、中小企業の人事は大企業のそれとは大いに異なっていなければいけない。本屋の棚に飾ってある人事の教科書や経営書を読んでみたって、何の役にも立たないということを、経営者は知らねばならない。

経営者の理想の死に方

先に、この現世では経営者は経営者として生きることが魂の修行なのだと申し上げた。では、人生の最後を、経営者はどう迎えればいいのだろうか。

冗談を言っているのではない。人間、誰しも迎える最後の時を、考えずに済ましてはいけない。始めがあれば終わりがやってくる。終わりがあればこそ、道中、途中、人生もあるのだ。

いろんな死に方がある。白血病、交通事故、水死、圧死……珍しい死に方もある。

脳溢血など、考えようによっては、ドラマチックなものだが、私は、経営者の理想の死に方は「がん」だと思っている。無論、老衰で死ぬのが本人にも周りの人間にも一番いいのだが、中小企業経営者が、よもや老衰で死ねるとは誰も考えないだろう。

「がん」というと、みなさん怖がるが、どんな原因にせよいずれ死ぬのだと考えれば、すぐには死なない「がん」は、理想だと言っていい。がん告知されてから死ぬまで、末期で発見されても、たいていは半年か一年間ある。

この時間が貴重だ。やりたかったことがやれる。例えば読みたかった本、見たかった裏ビデオ（冗談）、海外旅行。初期か中期なら、点滴しながらでも海外旅行に行ける。本を二冊ぐらいは書けるだろう。財産処分を考えて、遺言も書ける。

生命保険に入っていて、がんで死ぬというのが、最高に幸せだと思う。思い残すことがない。保険金があれば、家族も十分に世話した、やるだけのことはやったと納得できる。トラは死んで皮を残し、今、経営者は死んで保険金を残す。

これが、例えば地震で一瞬の間に死んでは、言いたいことがあっても伝わらない。

死んだ人間にとっても家族にとっても、もどかしい結果となる。交通事故や脳溢血、心臓発作で突然亡くなるのも、同じだ。遺言もできず、財産処分の指示もできないまま、あとで財産争いが起きたりする。

そういう面で、がんはいい。すばらしい（こう言うと不謹慎だという人がいるかもしれないが、死亡率一〇〇％の人生で、もし選べるならどの死に方がいいか、という話なので、目クジラを立てないでほしい）。

死亡後の銀行口座封鎖はこうやってクリアしろだとか、そろそろのときは有価証券をこういうふうにしろ、不動産はこうだと指示を与えて、財産処分ができる。きちんとした遺言を書くこともできる。

しかも、周囲の人間にいたわられながら、悲しまれながら、

「さようなら。お世話になったねえ」

といく感じがする。

がん告知されてから、子どもを作ることだってできる。あっちこっちに種まいて、

「わしの種が世の中にいっぱい花咲くのじゃ。アッハッハ」

とばかり、秀吉のお花見みたいな形で死んで行くことだって、やる気になればできる。残った時間で、何でもできる。

現代で最もいい死に方。それはがんで死ぬことだと私は思う。

飛行機事故もいい。賠償金がたくさん支払われる。

あるいは、地震か火事か不慮の災害で、死亡者数人中の一人というのもいい。大災害などで数千何人も死ぬと、自分の名前も埋没してしまうが、ごく少人数が死んだときには、大げさに新聞に出る。マスコミを賑わして死んでいくことができる。遺された娘たちも、ボーイフレンドに新聞の切り抜きを見せて「ほら、これが父さん」なんてやるかもしれない。

万が一、老衰で死ねるとしたら、これもハッピーな死に方だ。

老衰ならば、言い残したり、思い残したりすることはあまりないだろう。

ただ、老衰の場合は、家族が「早く行かないか」と考えることもあり得る。本人も追い込まれた状態で、「早く死ねればなあ、ウウウ」と思いながら、簡単にはいかない。徐々に徐々に死に向かう。嫌がられながらの老衰ということはあり得る。

この世に思いが残らなくていいかもしれないが、いたたまれないような気持ちで、トコロテンみたいに押し出されながらあの世へ行く。

がんの場合は、惜しまれつつ行けるじゃありませんか。

「行かないで」

「仕方ない、これも運命だ。さようなら」

ね？　みなさん。

しかし、惜しまれつつ死ぬ老衰というのがあれば、それが一番。

次にちょっと嫌がられながら死ぬ老衰。その次は惜しまれつつ死ぬがん。憎まれながら死ぬがんというのはつらいが、

「がんになった」

「ああ、それはすばらしいことですね」

と私は思う。

もしそれが七十歳過ぎてから、がんで死ぬのだったら、これはもう、最高の死に方の一つだと思う。そろそろ疎んじられるちょっと前、惜しまれつつ保険金が入り、財産処分もできて、「さようなら」というのがすごくいい。

なぜこういう話をしたのか、おわかりになるだろうか？

明るい人生観を持てということなのだ。

「死」とは何かを悟れば、恐れることなぞ何もなくなるのだ。

こういう明るい人生観を持てば、必ず売り上げが上がり、利益が上がる。経営者としてのマインド、心構えをこういうふうに持っていく。

経営者がこういうマインドを持てば、社内に熱意が生まれる。熱意が不可能を可能にするのだ。誠意だけではだめ。客に「これをどうぞ！」「何とかお願いいたします！」と熱っぽく語れなければ、セールスでも営業でもうまくいかない。銀行から金

死でも何でも明るく考える人生観を持て！

を借りるときも、やはり、熱意。

だから、たとえ病気になっても、がんになっても、経営者は明るく、やるだけやって死ぬ。死ぬまで経営者の責任なのだ。そういう死に方をすれば、必ずいい霊界に行くことができるはずだ。

健康状態がどうであろうと、親戚がどうであろうと、従業員や会社のこととは別問題。会社へ行ったら、ぱっと変わる。家族の事情、個人的な事柄、健康、精神上のこと、そういうもののために、社員に陰りとかマイナスを与えてはいけない。明るく、前向きで、楽天的で、発展的で、意欲に満ちて、そしてエネルギッシュにやる。そこが、経営者としての自覚があるかないか、精神力が弱いか強いかの差である。

菱研《びしけん》の会員はなぜ明るいか

経営者というのは、いろんなコンサルタント会社に行って、講義を聞き、本を読み、話を聞くチャンスに恵まれる。しかし、そういうところでは、おおむね大企業を念頭に置いた話をすることが多いものだ。一番肝心の、自分の会社の規模ではどうなのかということをいちいち細かく話してはもらえない。

お話としてはわかる。理論としてはそうだろう。しかし、実際に社員五、六人の小規模企業が、具体的にはどうしたらいいのかが、わからない。私は、コンサルタントだとか、銀行、証券会社、本の「うそ」、……「言葉」を信じないことにしている。あくまでも一つのヒントにして、自分自身の判断力でそれを吸収していく。中小企業の場合どうなのか、自分の場合はどうなのかと。

繰り返し主張してきたように、中小企業経営者にとって大切なのは、理論ではない。

人材でもない。具体的でエネルギッシュな経営マインドなのだ。

明るく、前向きで、楽天的で、発展的で、意欲に満ちて、そしてエネルギッシュにやる経営者マインドを、徹底して経営者の頭に叩き込むために、私は「菱研（菱《びし》法律経済政治研究所）」を主宰して、多くの会員の方に勉強の場を提供している。

そして、この「菱研」、元は「菱菱総研」というどこかで聞いたような名だったのだが、底抜けに明るいのだ。冗談だろうと言う人もいるが、深刻な顔をして天下国家を論じても始まらない。重要なのは、この現実をどう積極的に勝ち進んでいくかなのだ。暗さや深刻さはいらない。

さらにたどると「菱菱総研」は、もともと「ビッグビジネス経営経済研究所」という名称であった。

「ビッグビジネス経営経済研究所」とは、いかにもコンサルタント会社でございますという名前だが、「ビッグビジネス経営経済研究所所長・深見」ではインパクトがない。そこで、「菱菱総研」という名前に社名変更したのだ。所長である私の名前も、いっとき「岩崎やったろう」という名前に変えた。

これでビシビシと本が出る。例えば、菱菱総研所長・岩崎やったろう著〝まるもうけ金運〟。誰でも一回は見てみたくなる。

おまけに、電話をすれば、毎回笑える。

「もしもし、菱菱総研ですか。所長の岩崎やったろう先生、いらっしゃいますか？」

あるいは月末、「今月売り上げが……」と深刻な会議をしている席に、菱菱総研から案内ファックスが入る。社員がまじめくさった顔をして、

「社長、あの、ファックスが届きました」

「うん。どこ？」

「菱菱総研の岩崎やったろう先生からです」

従業員には少し笑われるかもしれない。あるいは奥さんに、

「お父さん、そのコンサルタント、大丈夫なの？」

と言われるかもしれない。しかし、

「いや、おとうちゃんも、そうは思うんだけどね。しかし、ここに行くと元気が出てくる。やったろか！　という気持ちになるんだよ」

しかも、私たちのキャッチフレーズは、

「経営者と従業員をびしびし鍛えるコンサルタント会社・菱菱総研」

社員教育もいろいろ考えている。地獄の何とかはもう古い。今は野外教育。楽しいという気持ちになり、しかもチームワークが高まり、個性も伸びるというプログラムを組んでいる。例えばログハウス作り。何もないところから、自分たちで丸太小屋を作る。チームワークの養成だ。この社員教育システムはバカウケで、多くの実績があり、参加した企業からは一様に「参加した者が、人が変わったように明るく積極的になって……！」というアンケートが来る。ハッキリ言って、受けた者勝ちといえる内容だから、「社員のために会社がお金を出すなんてもったいない」と思っているような方も、ご自分が参加してみることをお勧めする。

またもちろん、菱菱総研のスタッフも名前を変えた。いわば源氏名の制度だ。取締役は宝島玉造。副社長が丸差健次、マルサケンジとは、いかにも税務・法律関係に強そうではないか。他にも、三軒茶屋四郎左衛門という、茶屋四郎次郎の末えいみたいなのがいる。会社概要も全部これに変え、「当社は社員の才能を新しくし、新しい才能を発見するために源氏名の制度をとっております」と刷り込んでいる。

残念ながら今は、「菱研（菱法律経済政治研究所）」と改称し、所長名も半田晴久に戻した。理由の一つは、経済人が集まる場で三菱総研の方たちとお会いすると、なぜか決まって妙な顔をされたからである。しかし、皆さんはどう感じただろうか。これをふざけていると感じた人は、少なくとも中小企業経営には向かない。

世の中にコンサルタント会社は腐るほどある。経営書もあふれるほど出ている。ありがたいご託宣をのたまう人も掃いて捨てるほどいるのだが、では実際に、あなたの経営と売り上げにどれほどプラスになっただろうか。

経営コンサルタントが会社を経営すると、まず百パーセント失敗する。コンサルタントが一流であればあるほど、失敗するというのが、コンサルタント業界の常識なのだ。

私は、実際に中小企業を経営している。その会社は現に好業績を上げ続けている。そこでの経験に基づいて、私は話をする。中小企業では、経営者の緊迫する状況、ポイントは、業種にかかわらず一定のものである。

のみならず、この経済の時代にあって、私たちを救うものは、実は、マクロな経済学ではなく、中小企業という現場経済なのだ。それを救っていくことが、いかに現代人にとって切実なことか、私たちは肝に銘じるべきなのである。

第三章

倒産知らずの実践的経営ノウハウ

斜陽産業に進出して生き残る術

これまで、経営者の持つべきマインド、あるいは「強い頭」について解説してきた。この章では、一歩踏み込んで、私の体験を踏まえた具体的で実践的な中小企業経営のノウハウをお教えしよう。

私は予備校の経営に携わっているが、他にもファッション時計の会社を、もう十五年ほどやってきた。自慢するわけではないが、今、その業界で一、二を争う会社に育っている。設立したのは、時計が斜陽になってから。三割、四割、当たり前、五割、六割、七割引きの時代で、ショップがバタバタ潰れていたときに始めた。

この会社で扱うのは、セイコーやシチズンがやらない時計。つまり、まともな時計以外のあらゆる時計だ。恐ろしく大きいもの、ひどく小さいもの、ゆがんでいたり、フェースが二つあったり、反対回りだったりする時計。一時ブームになったものだ。

まともな時計というのは、セイコー一社でも年間一億個ぐらい作っているから、設立したての会社が入り込むのは難しいと判断して、こちらを選んだ。ところが、もう十年以上前になろうか、円高のために、時計の輸出がまったくだめになって、セイコーはなんと、前年度比九五％ダウンしたことがある。その分、エプソンをはじめ、関連会社が頑張ったらしいが、恥も外聞もなく、私たち中小がやっているところにまでも、彼らは入り込んできた。

だから、バーゲンを開発して、汗と涙と努力と呼び込みで直接売るしかない時代があった。私自身、あるときは予備校で学苑長として教育論をぶち、新宿に行くと「いらっしゃいませ、いらっしゃいませ」と時計を売っていた。

銀座で呼び込みをするときには、Ladies and Gentlemen と英語でやっていた。それも、サービスの意味で、アジア人にはアジアなまりの英語で、ドイツ人ならドイツなまり、フランス人にはフランスなまりの英語だ。それこそ、千変万化の呼び込みを開発して頑張った。

コンサルタントの話はヒントにとどめよ

結局、今業界で一、二を争う会社になったのだが、当時は、時計業界はもうだめだと指摘されていた。コンサルタント会社でもそう言う。新聞にも書いてある。証券会社、銀行でもそう聞いたものだ。

おもちゃ産業もファッション産業も繊維産業も全部そう言われた。「繊維冬の時代」だとか「斜陽産業」だとか。しかし、神戸のワールドはそのときでも、利益が五十億円も出ていたのだ。つまり経営者次第で、やりようによっては、斜陽産業でも十分に成功することの証明だ。

新聞、雑誌、業界、コンサルタントは、これからの業界はこうだ！　なんてことを、平気で言う。大企業はそう考えたらいい。それだけの社員を食わしていかなくてはならない。月々の莫大な固定費、管理費を払わなくてはならない。

しかし、中小企業は違う。

当時、これから時計はもうだめなんだと、セイコーやシチズンの社員までが言っていた。それを聞いて、私の会社の社員も、もう時計業界はだめなんだと言う。冗談ではない。日本には一億人からの人がいるのだ。信じられる言葉ではない。私に言わせれば、この社員は単に時計を扱うことに飽きただけなのだ。

これには注意しなくてはならない。

一つの仕事を七年か八年もやれば、必ず社員は飽きてくる。場合によっては、経営者自身も飽きてくる。飽きてきたときに、もうこの業界はだめじゃないのかな……という気になってくるのだ。すると、これからは建築は○○の時代だとか、マルチメディアの時代だとか、いろんなことを言い始める。

これは大会社の経営者陣が言うせりふだ。中小企業の社長は絶対にそんなことに耳を貸してはいけない。では、どういうふうに言えばいいか？

「君、それは大会社の話なんだ。あれだけ大きな固定費を払うには、それに見合う大きなマーケットと売り上げが必要だろう？　だからそう言うんだ。我々の会社はどうなんだ。この十数人の給料と家賃を払って利益が出たらいいんだろう。会社というものは業界うんぬんじゃない。月々利益が出て、年間締めて黒字だったらいいんだ。それぐらいの需要は無尽蔵にあるぞ」

と喝破する。

現実に、日本人はみな時計をつけている。しかも自分たちが香港の工場から直輸入して、バーゲンで直売したら、利ざやが二クッションも三クッションも抜ける。円高になれば、また粗利が上がる。

参入当初、急成長したのは、すべて輸出業者だった。ところが円高のために倒産していく。私は、輸出というのは危険だと思って、輸入専門にした。国内でさばくルートを地道に作って成功し、その後の円高で、ますます粗利が上がってきた。予見が成功したわけだ。

まあ、直感が当たったわけだが、私たちの数少ない社員が月々食べていけて、年間締めてみて利益が出て、配当ができて、ボーナスを普通の会社より少し多目に出すぐらいの需要というのは、この日本にはいくらでもある。

五人、十人の社員なら、時代なんか関係ない。業界なんか関係ない。社員が千人いたらちょっと考えもするが、中小企業は強いのだ。

何やったって食っていけるのが中小企業

テレビも新聞も、日本経済の見通しはどうのこうのと言っている。大企業の人はそれを聞いて、利益とかマーケットをどうするか、考えたらいい。私たちは、そんな経済予測なんかまったく気にしなくていい。何となく、少しずつ、ヤバそうな雰囲気だなということだけがわかったらいい。

中小企業のマーケットは無尽蔵だ。

ただ、マーケットがあまりにも小さい業種は別。例えば、ヘアーピースを接着するところ、ボンド加工するところの水は宮水でなくてはならない。その宮水を掃除する機械は、三、四社しか作っていない。ほとんど需要がないところで、四社がしのぎを削るというのは、なかなか難しい。

従業員五、六人から十人、多くても何十人かの企業、つまり中小・零細企業は、何をやったって食うことができる。小回りのきくサイズなのだ。

とっぴだと叱られそうだが、例を挙げてみよう。

まず、廃品回収業で食える。

それから、みんなで釣りに行くのもいい。必死の思いでヒラメだの鯛だのを釣って、大阪かどこかの日本料理屋に持って行く。

「あの、鯛、釣ってきたんですけども、買っていただけますか。本日限り、現品限りで、○万円で結構ですよ」

それを続けても、何とかやっていける。

中小企業は、どんな不況でも需要は無尽蔵だ

あるいはポン引きをやる。これは社員教育の一環。

「いや、兄さん、いい女の子いまっせ」

これを続けると度胸がつく。

たかだか五、六人の社員、気持ちが一丸となっていたら、何をやっても大丈夫、生きていける。もしここがカンボジアだとかルワンダだったら、それは少し難しいかもしれない。しかし、カンボジアやルワンダでも、人は生きている。葉っぱ食べたり、スズメを殺したりして生きている。それに比べれば、ここは世界に冠たる日本だ。何でもいい、何かやったら生きていける。

中小企業社長の役割とは?

日本では3Kをやったら大丈夫。危険、汚い、きつい。しかし儲かる。

危険、汚い、きついということに、社会的な意義と人生の意義と使命感を持ったら、その会社は絶対成功する。行き詰まったら３Ｋをやる。

だから、社長のことが好きで、社長と一緒に仕事するんなら、どんな仕事してもいいんだという従業員が大切だ。

「今月は給料がこれしか出ないけど、私も辛抱してるから頑張ろう」

「いいすよ。カンボジアよりましだかんね」

と言える社員。もちろん、社長がぜいたくしていては話にならない。

松下電器でもどこでも、創業のころはそうやって頑張った。社長と社員の関係がそうなるかならないか、これは社長の愛情、優しさ、人望、魅力で決まる。中小企業の社員は、それで会社に居ついているはずだ。厚生設備もない、昇給率も悪い。でも社長と一緒に仕事するのが楽しい。おもしろい。だからやっている。

抽象的なことはどうでもいい。いかに客を増やすか、いかにいい製品を売り込んでいくのか、どうやって来月の売り上げを上げるか、ということに命を燃やすほうが、中小企業社長の使命にふさわしい。下手な考え休むにニッタリと笑っている。

持続しつつ攻める経営に撤しろ

さきほど、仕事に飽きると書いたが、実は、飽きるのは社員だけではない。

経営者だって、やはり飽きる。しかも、そのことに目をつぶるのは賢いこととは言えない。自分が飽きていることを自覚したうえで、事業を持続し、同時に新しいものを模索しなくてはいけない。

創業当初こそ、五年間赤字の続いた私の会社も、そこからグーッとみんなで頑張って、乗り越えてきた。今、三菱東京ＵＦＪ銀行Ａ支店の特Ａである。

ある日、高島屋から電話が入った。

「ぜひお願いがあるんですけど……アクセサリー売り場に入っていた業者が倒産しま

して。いろいろ調べた結果、おたくが一番、財務内容がきちんとしている」

ついては、入ってくれないかという話であった。高島屋としては、潰れない安心できる会社を入れたいと言うのだ。

ライバルが次々に潰れていく中で、最後まで粘り強く、しぶとく頑張っているのは、私たちであった。

同じような顛末で、神戸大丸、福岡の岩田屋にも入った。こういうふうに、粘り強い者が勝ち残るものなのだ。私は社員に言った。

「あのとき君たちは、もうこれからは時計の時代じゃない、と言ってたが、あのとき頑張ったおかげで、今、大きいところに全部入っている。セイコーやシチズンに一万本、二万本単位でＯＥＭしているじゃないか」

何か大きなビジネスチャンスが来たときには、パッとくら替えしてもいいかもしれないが、ベースの事業は継続しながら、新しいことをやって成功するというのが一番いい。ベースの会社の資金力と銀行信用があるのだから、新しい試みをやって、また成功すればいい。これをやめてこっちへ行くというのは、経営者としては、負けている。

それが、中小企業の社長が考えるべきことだと私は思う。

業界の展望というのは、雑誌に任せたらいいのだ。三菱総研さんや三和総研さんは、書類にもっともらしい文章を書いて提供するのが仕事。彼らが中小企業を経営するわけではない。それはそれで知っておいて、人にお話する。教養の一環。社長が信じてはいけない。

情報は取捨選択するものであり、勉強は、自分の哲学を補強するためにするのが賢い。社長が下手な勉強をして訳がわからなくなったら、社員はもっとグチャグチャになってしまう。社長が迷えば、従業員全部が迷う。絶対に迷わずに、こうなんだ！という気持ちでいつも行くようにすれば、その分、社運、エネルギー、業績がプラスとなるのだ。

約束手形を切らなければ倒産もないという真理

社長というのは、最悪のケースを考えなくてはいけない。

私は、会社を作るときにたくさんの倒産の悲劇を見た。

そこで、なぜ倒産するかを考えた。

これは簡単なことだった。普通、倒産とは不渡りのことである。小切手が不渡りというのはあまりない。約束手形が期日に落ちないことを、倒産と言うんだなとわかった。つまり、約束手形さえ切らなければ倒産しないわけだ。

もちろん、ずっと売り上げがなければやっていけないから、売り上げがなければ、事実上の倒産だが、いわゆる不渡りというのは出しようがない。だから私は、約束手形をいまだかつて一度も切ったことがないのだ。

で、手形を切らないと、お金がショートした場合、まず大家さんへ行く。

「この不況でございますので、ちょっと、お家賃が、今月はちょっと……」

水道、ガス、電話、これも同じ。二～三カ月電話がとまっても、公衆電話でかけたり、コレクトコールで間に合うのだ。私たちはそういう修羅場をくぐり抜けてきた。

最悪のケースを乗り越える秘策

最悪のケース、手形さえ切っていなかったら、今のような方法がある。

給料も、まず社長が自分の給料を半分にする。それから従業員も半分にしてもらう。もちろん、上手に説明しなくてはいけない。

「会社の内容はこうだ。君たちの努力によって、我が社は前途洋々たるもんだ。ただ、今ちょっとショートしている」

と。

お金をあげることが幸せとは限らない。ないことが不幸とは限らない。給料が半分になっても、頑張ろう！　という気持ちで幸せならいいわけだ。たまたまのアクシデントで一回か二回かショートしても、頑張ることができる。

中小企業倒産防止協会に入って月々積み立てておけば、もらった手形が不渡りになったときに、半年据え置きの五年分割払いで一千万でも二千万でも借りられる。これは積み立てたほうがいい。

ともあれ、必死の思いになれば、乗り越えることができる。少なくとも、二〜三カ月は大丈夫なものなのだ。

不渡りを出さない秘策

次に走るのは、支払い先。

期日が来てからでは遅い。事前に走る。不安感を与えてはいけない。でないと、最悪の場合、仮差し押さえ申請で、銀行口座とか営業権をとられることになる。

「今月、不渡りを食らうという事情がございましたもんですから、お支払いはこうでございますけれども、なんとかこれを三回に分割していただけますようお願いいたします。会社の業績は上がっておりますので……」

社長自ら足を運び、正面から頭を下げて誠意を尽くせば、わかってくれる。裁判だ何だと言ったところで、現金支払いだととれなくなるから、相手も絶対にわかってくれる。しかし、次に仕事ができなくては話にならないので、あらかじめ、正面から、誠意を尽くしていく。払わないと言わないで、分割にしてほしいと言う。

そして、金額の大きいところから訪問すること。頭を下げて、ずっと支払いが続くということは、おたくとの長いおつき合いができるので、これも良きご縁じゃないかと思いますと、明るく説明する。支払いもゼロにしない。三分の一ずつぐらいにして、入金を早目にしていただく。

社長が何倍も頑張っていれば、社員はついてくる

「ひとつこういう状況でございますので、半手半金ぐらいにしていただきまして、こういう事情でございますので、ちょっとあれですが、少し早目にしていただき、金利分だけおまけいたしますので……」

と、とにかく誠意を尽くして、入金を早目に、出金を抑え目にという資金繰りをしていけば、三～四カ月ぐらいの資金繰りは大丈夫だ。絶対に潰れない。

電話はコレクトコールか公衆電話。公衆電話から

「あ、すいません。ここにおりますので、ちょっとお電話ください」

と言って、すぐに電話してもらえばいい。

実は私は、資金ショートがものすごく好きだった。ウワーッと若人の血が燃えたぎって、躍動感がみなぎってくる。大和魂が奮い立つのだ。ついニコーっとしてしまう。これから私の腕の見せどころだ！　これから会社は良くなっていく！　これから社員の気持ちが引き締まっていく！　と。最近はそういう機会もなくなって、実はちょっと寂しさを感じていたりもするのだが。

手形を切っている場合、連鎖倒産の危機が来たら、早目に、とにかく手形を回収する。

菓子折り持って、真っ正面。夜の訪問は、九時以降は避ける。八時ぐらい。ホームドラマが始まるちょっと前、七時四十五分から五十分ぐらいがいい。その時間だと、来たものはしようがないと、ドラマをビデオに録画して会ってくれる。

八時十五分に行ったら、ホームドラマを見るのをやめて会わなくてはならない。腹が立つから関係が悪くなる。だから、絶対に七時四十五分から五十分ぐらいに行く。八時五十分ぐらいに行ったら殴られる。ドラマの最後、一番いいところが見れなかった、あいつのせいだということになる。もしも八時を過ぎて行くのなら、もう九時にしたほうがいい。

そして説明のときに、

「あの会社もこの会社もご協力いただきまして、おたく様が最後でございまして」と言わなくてはならない。その会社が初めてだと言うと、「うーん」となる。

「何々会社もご協力いただきまして、おたく様がもう最後でございます。我が社の命運はおたく様のお気持ち一つで決まるんでございます。従業員十人のために、ひとつお願いいいたします」

と言って、四十五度から四十八度以上、カーッと頭を下げる。一分は上げちゃいけない。二分か三分。天下御免の向こう傷、パッ！　早乙女主水みたいに、誠意を尽くしていく。手形こそ切っていないが、私はこれを全部やってきた。顔から火が出るほど恥ずかしいけれども、社員を守るためなのだ。

手形は銀行に預けている場合が多いのだが、

「そこを何とか、その金利の手数料の分だけは払わせていただきます」

と、引き揚げてもらう。そして、一部をちょっと払って、三つか四つぐらいに小さくして、長い手形に書きかえていただく。

一ついただければ、次々に、「おたく様が最後で……」と回って行く。その間に「来たかね」なんて電話で連絡されたら危ないが、そういうことはほとんどない。知っていても、来たら、渡る世間に鬼はない。信じて行かなくてはだめだ。そこまで行かないと、中小企業の経営者としては失格。プライドとかメンツは邪魔なだけだ。何とかしてこれを守らなきゃと、裸でぶつかっていくフィーリングとか気持ちは伝わるものなのだ。

もしも、学識と教養と学歴も備えたうえで、それができる人がいたら、最高の経営者になれるのだろうが、まず、それができない。だから、学歴があって、一流企業に行って、それから会社を作った人は、会社を潰すのだ。逆にそれができるから、学歴のない裸一貫の経営者のほうは成功するのだ。

財務型の経営は中小企業には向かない

中小企業の人事について考えたいと思う。

さて、いい会社とはどういう会社だろう。ちょっと考えていただきたい。

自分で考える「いい会社」と、世間で言われる「いい会社」とにギャップがありはしないだろうか。逆説的な言い方になるが、「財務がきちんとしている」会社というのは、「いい会社」と世間で言われる会社である。

この常識を中小企業経営者は逆手に取らなければならない。

商工リサーチでも帝国データバンクでも、調査員が来たら、「私どもは計数に明るい財務主導型の会社でございます」と言わなければならない。そう言えば、必ずいい点数がつく。事実か事実でないかは関係ない。

そして、これからが本論になるのだが、世間の常識を待つまでもなく、いかに資金をうまく巡らせるかということは経営者の手腕の一つであり、経営者というのは、財務経理に関してある程度の知識は必要だ。

しかし実は、ここで考えなくてはならないことがある。

計数に明るい財務経理出身者、それも税理士にも負けないほどの知識を持つ人は、

財務型の経営者は、キチンとすることに囚《とら》われ、
中小企業経営には不向きだ

人事には向かないという事実だ。なぜか。

財務諸表をチェックする人というのは、例えば、貸借対照表の貸方と借方がイコールにならないときは、どこがおかしいのか、細かく見ていく。そして問題点をいち早く発見する能力に長けている。あるいは損益計算書を見て、どの程度儲かって、どこが儲かってないのかをチェックする。そういう能力に長けている。

こういう人が会社の経営者になると、長所が欠点になってしまうのだ。労務管理、人事が非常にまずい。社員の問題点を、すぐに摘発してしまうのだ。

「Aさんは学歴がなくて頑張るのはわかるんだが、みんなの意見をまとめられない」

「B子は電話の応対はいいが、曜日によって落ち込んだり気分にむらがある」

「C子はてきぱき仕事ができるけれど不平が多い」

「Dは酒さえ飲まなければいいやつなんだが」

そういうふうに、従業員の欠点を見てしまう。しかし、協調性があれば強い指導力はないだろうし、明るい人間はおおらかで細かいところにはずさんだろう。誰だってどこか足りないに決まっている。そうでないのは観音様か八幡様ぐらいのものだ。

とくに中小企業の場合、親戚縁者だとか一緒に会社を作ったとかいうケースは別にして、たいていの社員は、何か問題があって中小企業に来ている。もし、学歴があり、人物に欠点がなく、運と実力もあるのならば、とうに大企業で出世街道をばく進している。中小企業に来る人間というのは、長所があるけども、どこか中途半端で大きな欠点を持っているのが普通だ。

今日殴ろうか、明日首にしようかと思い、こんなやつとは二度と仕事したくないと思いながら、中小企業はやっていくものなのだ。中小企業の経営者が一万人いたら、一万人とも人材が足りないという。しかし、自分で独立して会社を作ったのだから、自分よりもすぐれた人材はいるわけがないのだ。

自分よりもすぐれた人材が来るには、会社の規模とか将来性とか、なにがしか魅力が必要だ。順調に企業が発展して初めて、それに見合った人材が来るのが、いわゆる常識というやつだ。それを、財務型の人間は、自分の会社の特性、おのれ自身も知らないで、人材の文句ばかり言う。

財務主導型の経営というのは、信用調査会社向けにはいいのだが、普通の中小企業の経営には向かないと思ったほうがいい。

きれいごとじゃない中小企業の人事

先に例に出した時計の会社は、創業して十八年。年商三十二億、経常利益一三％。これがもう五〜六年続いている。やろうと思えば店頭公開する資格もある。もっと大きな会社はいくらもあるが、とりあえずこれだけの売り上げがあり、利益が上がっていたら、これは、すばらしいことだと思う。

しかし、順風満帆のときにも、必ず人事にもの申す輩はいるものだ。

「あいつだめだ。こいつはいいかげんだ。会社の将来にとってマイナスだ」

と、社員の評価をする。そういうとき、私は必ずこう言うことにしている。

「これだけ売り上げがあって、利益が出たら大成功じゃないの。後継者がどうの会社の将来がこうのって、一流企業の五年後の展望みたいなことを言うんじゃない」

そんな優秀な従業員が中小企業に来るわけがない。それになにより、どんなに優秀な人間がいても、会社がだめでは意味がない。どんな人材でも、売り上げが上がり利益が上がったら、会社は大成功だ。それ以上の経営はない。

理想どおりの人材がないということが、果たして問題なのだろうか。よしんば理想どおりの人事ができたとして、売り上げと利益が出なければ、そのことのほうが、よほど問題だろう。会社というのは、いい人材がいるかどうかが目的なのではなく、売り上げが上がり、利益が上がり続けるということが目的なのだ。

人材は二の次三の次。従業員のミス、製品開発がどうの、大した問題ではない。どんなに優秀な人材がいて、どんなにいい製品ができても、売り上げが上がらず、利益が上がらなければ、経営は失敗。簡単なことだ。

運・不運、調・不調の波を超えるフィロソフィーを持て

会社を経営していると、景気の良し悪し、運不運が気になるものだ。

しかし、これまで述べてきたように、中小企業経営では運不運、好調不調というのは、本質的に関係がない。中小企業では、経営者本人の「やる気」や考え方次第で、会社の運命が決まっていく。

さて、先日、私のラジオ番組「オーバーヘッド カム RADIO」（平成7年から9年までラジオ日本で放送）のゲストに日吉ミミさんがいらした。

「恋び～とに　ふられ～たの　よくある話じゃないか～」という大ヒット曲を持つ人だが、最近ピップ・エレキバンのコマーシャルに出たり、今度、新曲も出すらしい。

十七、八歳のころから始めて、四十何枚目の新曲。

「歌が好きなんですよ、私は」

「歌って、いいですよ、やりませんか」

ラジオ番組で曲が流れている間というのは、出演者には休憩時間なのだが、日吉さんは、自分の曲を口ずさんで歌っている。聞けば、デビュー以来二十五年間、音楽活動を休んだことがないそうだ。コンサートもキャンセルすることなく続けているし、年に一回、必ずレコーディングもしている。バーやキャバレーを回る「営業」もやっているのだとか。

歌が大ヒットしているとき、コンサートには三千人ほどの人が来たそうだ。それから少しずつ減って、やがて三百人。さらに三十人ぐらいになった。しかし、三千人のときも、三百人のときも、三十人のときも、自分は変わらない。私は歌を歌うこと自体が好きだから、三千人でも、三百人でも、三十人でも同じ。聞きに来る人が一人でもいるということが、ものすごくうれしい、と言うのだ。私は感動した。

まったく同感だ。私の場合は、スタッフのミーティングであろうと、少人数のお茶会であろうと、菱研のセミナーであろうと、人様に喜んでいただきたいと思ってやっている。一人でも二人でも、聞きにきてくれる人がいればうれしい。ところが、普通の人は、客が大勢来ると燃え、少なくなるとやる気をなくす。気分が停滞する。そういう人にはフィロソフィーがない。人生観というものがない。現実に三千人が十分の一になり、百分の一になったとき、ああ、自分も落ち目になったなと、日吉さんも思ったはずだ。ところが、歌を歌うことが自分の人生であり、喜びだから、精いっぱい歌おうと、パッと切り替えをしている。

世の中というのは、調子いいときもあれば、調子の悪いときもある。努力以外のところで、運不運というのがある。企業ならば、好景気、不景気がある。不景気には気が沈み、好景気のときには喜ぶなんていうのは、誰にだってできる。そうではなく、環境に左右されない一定の価値基準を持つことが大切なのだ。フィロソフィーのない人間は、何をやっても、やはり一流になることがない。

調子のいいときも悪いときも、同じ状態で、絶えず自分をハイな状態に持っていく。自分のフィロソフィーを持って原点に帰り、ぱっと切りかえる。一つの物事を続けていく。そうするうちに、大きなチャンスが来たり、あるいは、じわじわと人が増えて繁盛したり、繁栄したりするわけだ。

私は、運不運とか調子いい悪いに影響されないで、絶えず自分のベストを出し続けるのが、一つの修養だと思っている。日吉さんも、二十何年それを続けて、ピップ・エレキバンに出て、また突如としてヒットが来たりするのだ。山本リンダも、奥村チヨも、植木等も、またもや人気が出てきたりしている。

「待てば海路の日和あり」

そういうふうに続けたら、またチャンスはやって来る。そういう波が来るまでじっと釣糸を垂れておかないと釣れない。目先の利だけを追う人間というのは、結局、それができないから、大家になることもないのだ。

そば屋、うどん屋、ケーキ屋、ブティック、歯医者でも、訪販でもいい。患者が減ったり、顧客が減ったりすると、頑張る。悩む。それはいい。しかし、それを奇貨として、原点に帰ることだ。お客さんが減ろうと増えようと、いい仕事を提供して喜ん

幸運期も不運期も変わらずベストを出し続けよ。
チャンスはまた回ってくる

でもらう。そういうメンタリティーのあるオーナーの店というのは、「あそこ良かったよ」と、また客が増えていく。ライバルと競争になっても勝ち残る。

不況のときこそ、経営者のフィロソフィー、マインドが試される。

「好きこそものの上手なれ」

虫歯で黒い歯を見つけたら、先祖代々の守護霊がお歯黒をしていたのを思い出して、とにかく黒い歯を白くしたくなる、それがたまらなく心地いいんだというような熱心な歯医者なら、不況のときでも従業員が逃げずに頑張ろうと思う。熱心さが評判になって、遠くから患者がやってくる。

こだわりとは、喜びである

一意専心ということが、ビジネスのうえでもやはり大切だということなのだが、表れ方は人によってずいぶん違う。ストイックに、修行僧のようになる人もいれば、ごく自然に、好きだからそうなったという人もいる。

私のスタッフに羽畑君という人物がいる。

和歌山の工業高校を出て、いきなりメキシコの大学の医学部へ行き、二年後に東洋医学がいいと日本へ帰ってきたユニークな男である。その羽畑君、なんと、十一カ国語ができる。一番得意なのはスペイン語だが、彼の場合は「好き」がすべてである。

字が横に並んでいるのを見ると、ぞくぞくするほどうれしくなるのだそうだ。相手はギリシャ語だろうがラテン語だろうが英語だろうが、何でもいい。字が横になっていたら、何時間でも見ているのが幸せ。そのこと自体にフィロソフィーを持っているから、いくらでも語学がうまくなるわけだ。

職人肌の人に、そういうメンタリティを持つ人は多い。

仮にそういう芝生屋さんがいたら、話がおもしろくなる。とにかく芝生を見るのが好きで、やたら人に芝生を勧める。

「おい、ウルトラマン、そろそろ芝生で休むか」

　当然ウルトラマンは答える。

「シバッフ！」

……芝生を人の庭に植えるのが大好き。売り上げ採算、そんなもの関係ない。中元、歳暮、年始、クリスマスには、リボンをつけて芝生を贈る。結婚式の引き出物にも芝生をどうぞ。もしも、そこまで芝生が好きな人がいたら、絶対に景気は関係ない。絶対に大成する。

　浮いたり沈んだり、銀行や税務署に行ったり、従業員がもめたり、いろいろある。しかし、そんなのが好き、会社の経営そのものが好きだという原点、フィロソフィーを持っている人の会社は、絶対に強い。景気に関係ない。

　なにかしら思い入れを持っているところに、従業員も魅かれてくる。熱っぽく語るところに銀行も金を貸す気になる。事業計画書もあやふや、漢字も間違っている。担保価値も大してない。しかし、この人の熱意と情熱とに、かけてみようと。

企業人の持てる幸せというのは、そこではないだろうか。経営それ自体にフィロソフィーを持っている人は、とても幸せな人生が送れるのではないかと思う。

一流の企業人には運を呼び寄せる才能がある

そういう意味で、私は自分を企業人として一流だと思っている。

調子が悪いからとしょげるのは、企業活動をする人の中身としては大したことがない。黒字になったり赤字になったり、世の中というのは何があるかわからない。自分の幸せというものを、それによって曇らすことはないし、生きがいとやりがいと喜びとのボルテージを落とすことはない、不幸になることはない。

小から身を起こして大きくなった企業人というのは、いっとき調子が悪くても、すぐにリカバリーするといったドラマを十年、二十年、三十年と続けている。外的要因でそうなった人を除いて、企業人としての中身は同じ。一流なのだ。

そういう意味における一流の企業人というのは、チャンスの大きさによって、会社の大きさも変わってくる。立志伝中の人たちというのは、同じ本質、同じ中身の同類項でありながら、それに加えて大きな人、大きな商品、大きな地域との出会いというのが折り重なって大きな会社に育っている。決して努力だけではない。

故松下幸之助氏も、自分が今日成功しているのは、九〇%までは運だと言っていた。本人はそう実感していたのだ。ただ、勘違いしないでほしいのは、松下幸之助氏の性質とか、考え方、フィロソフィーというのがあって、その運を呼び寄せたということだ。

そこはもう考えてもしようがない。私たちは、企業人としてのフィロソフィーのスタンダードを持って、この時代と業種の背景の中でベストを尽くすだけだ。それこそは、巡りあいの縁と徳分かもしれない。

第四章　ダメ社員を必死にさせるコツ

頑張りとチャレンジの違い

これまでの章で、中小企業に集まってくる人材に、経営者は過度な期待をしてはいけない。それが、中小企業の人事の基本だという説明をしてきた。しかし、もちろん、遊ばせていては会社が潰れる。むしろ大企業の優秀な人間にも負けないほど働いてもらわなければ、ならない。この章では、いかにして、社員に一二〇%の力を出させるか、その秘訣をご紹介したい。

人間というのは不思議なもので、ビジネスに限らず、守りの姿勢になると、とたんに運が遠のいていく。私の学校でも、こういうことがあった。

私が現場の責任者を退いて、学苑長を任せた人間に、二人目の男の子が生まれた。男の子が生まれると、必ずその直後、父親の社会的な運勢というのは、がくんと落ちる。男の子には、父親から運気が流れるからである。まして二人生まれると、ガタガタになるのが普通だ。

元に戻るには、それからまた、何倍も努力するはめになるのだが、案の定、生徒募集が激減した。これは放置できないので、私は学苑長に、

「おい、君は、もう家に帰るな。ソファーで寝ろ。一週間のうち四日ソファーで寝るんだ、ここで本を読んで、哲学書を読んで、先生方と話すんだ。家に帰るな」

と厳命した。

私なんかも、一週間のうちに六日でも七日でも、ソファーでずうっと寝起きしている。英語で言えば、ソーファァーソーグッド……。まあまあ。ソファーで寝たり、床で寝たり、いろいろなところで寝る。いつも家で寝ていると、気持ちが落ちついて安定はするのだが、マイホームパパになったりして、戦闘力をなくしてしまう。

ところが世間は、しのぎを削る食うか食われるかの戦いをやっている。もう一ひねり、二ひねり、三ひねり、おまけにウルトラC、月面宙返り、着地成功！　という勝負をしている。経済戦線の中で勝つために。

ところが、十八年前からいる我がスタッフは、私と弟を除いて、嫁さんができ、婿さんができ、子どもができて、落ち着いてしまった。安定してしまった。安定とはイコール衰退に他ならない。出生率が落ちて、他の予備校は生き残りに必死になっている。売り上げが安定しているということは、他が頑張る分、もう衰退が始まっているということなのだ。そんなときは、ある日突然、売り上げがあーんと落ちる。

先に書いたように、新しいことに挑戦してみよう、ピストルの弾は飛んでいるかもしれないがカンボジアに行ってみよう、危険を顧みずに行くんだという、引き締まった状態のときはかえって安全なのだが、こうして安定しているときというのが一番怖い。こういうときに突然、があーんと売り上げが落ちる。これはもう法則だ。

私がいくら、来年度は二〇%か二五%落ちるぞ。今の状態を抜き切るためには、新しいものをやらなくてはならない。チャレンジしろと言い続けても、目の前に仕事を抱えているものだから、踏ん切りがつかない。思い切ってやらない。

みんな仕事ぶりは真面目なのだが、いくら一生懸命にやっても、現在の自分の枠内

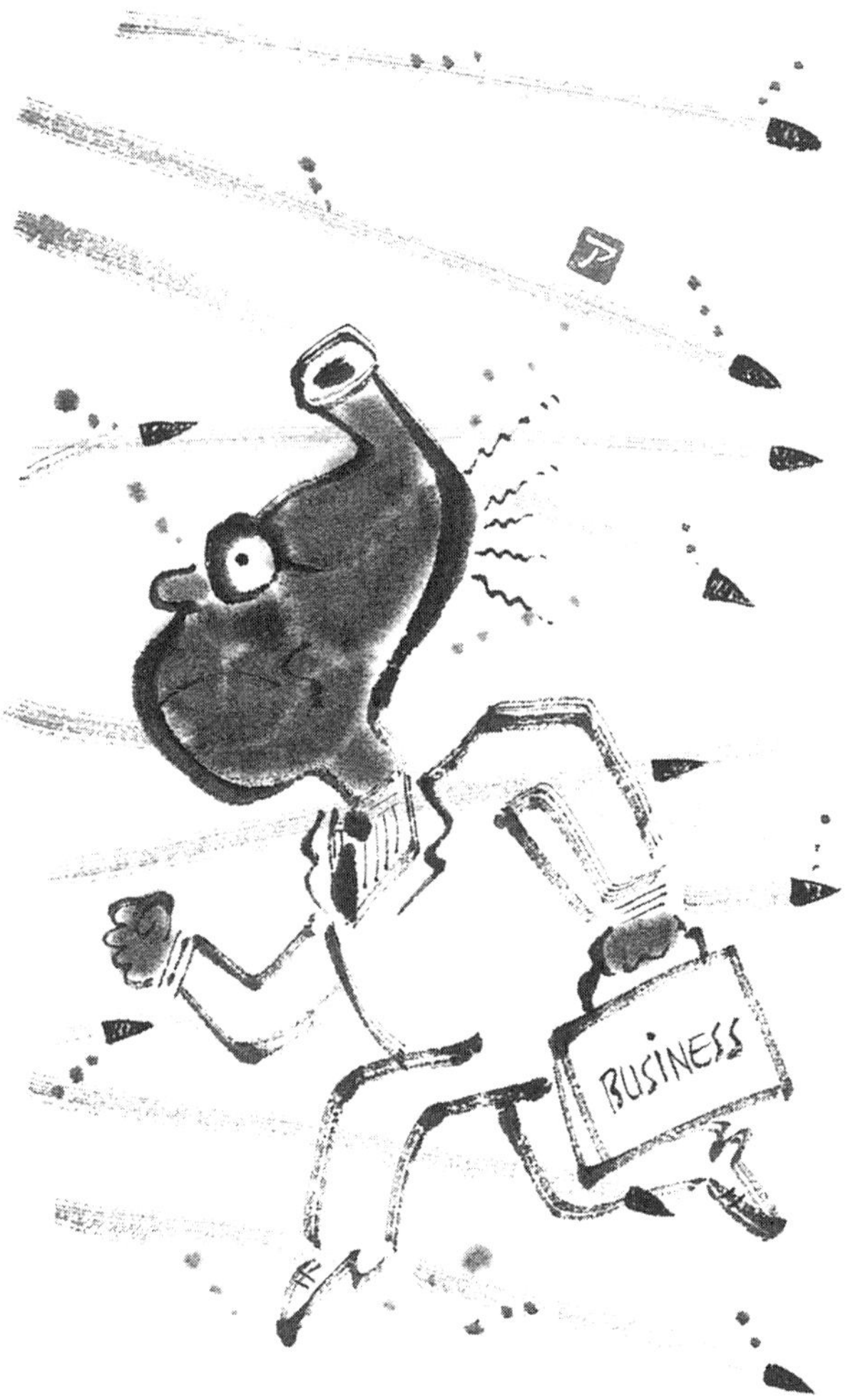

悩み苦しんで、胃潰瘍になってしまうようなチャレンジこそ、本物のチャレンジだ

でやるのは、ただの「頑張ります」。チャレンジというのは、そんなものではない。

断崖絶壁で、

「ああ、もしこれがだめなら潰れてしまう、大変な損をしてしまう」

と、悩んで苦しんで胃潰瘍になってしまうようなものがチャレンジだ。

三宝荒神、井草八幡、鹿島神宮、何かお社があったら何でもいい、とにかく見たら、

「何とぞ、助けたまえ〜」とすがる心境。孤独と恐怖の中に一カ月も二カ月もいるような状態を超えて、成功して「やったあ〜」と喜ぶ、これがチャレンジだ。そういう状態を超えた会社というのは、ライバルに勝っている。

そういうチャレンジをしなきゃだめだと言って、英検塾というのを作れ、今年からやれと言っても、本体のほうが一応順調に推移していたものだから、私がアドバイスしているのにもかかわらず、やらなかった。ああでもない、こうでもないと。

ところがやっぱり案の定、言ったとおりにピッタンコ二五％減。

「言うとおりにしておけばよかった」

と彼らが悔やんでも後のまつり。それでまた一生懸命頑張って、回復はしてはいるが。

ともあれ、チャレンジとは、その次の売り上げの柱を作っていくためにやるものだ。スタートするときにそれだけ経費が要るのだから、ある程度、本体が大丈夫で利益が出ているときにやらなくてはならない。

利益は、熱血火の玉社員のかく汗に比例する

経営をしていると、問題が絶えることはない。

往々にして、それは社員の心構えの問題であったり、経営者と社員の意識のギャップであったりする。私の場合、予備校が無事成功したら、今度は、商事部門の時計部門に問題が発生したことがあった。

当時、時計部門は、売り上げが月七千万円か八千万円で、クリスマスには一億円ぐらいだった。ところがここでも、現状維持の罠が待っていた。現状維持＝衰退のとおりに、大口の客が逃げ始めたのだ。

無論、私は警告していた。しかし、やはり目の前の仕事に追われて、先手を打っていなかったのだ。売り上げが落ち込んでから、目の色を変えて私のところへやって来る。そのときに、私は言った。

「君たちは、十月頃チャンスがあったのに、そのときは目の前が忙しいと現状維持でだらだらとやっていた。売り上げが落ち込むはずだ」

「はい。やろうと思ったんですが、うやむやになってしまいました」

時計部門では国産の時計で少し高級なところをやっていた。私の営業の方法というのは、何もないところから、全部開拓していくというやり方である。自分が気に入ったところ、置いてほしいと思うところに、飛び込んで口座を切り開く。迷わず取締役仕入部長のところに入っていく。

その方法を私は開発して、社員に教えてきた。本題から外れるのでここでは触れないが、興味のある方は「菱研サクセスセミナー！」にて私が講演しているので、そちらで聞いていただきたい。

さて問題は、この部門の立て直しだ。

どうやって立て直すか。コツがある、ポイントがある。

たとえひどい人材ばかりいる会社でも、売り上げを上げ、利益を上げる秘訣がある。

それは、

「全社員がやる気に燃えて、会社を愛して、積極的にトライし続ける」

こと。

簡単に言うと、

「全社員が、熱血火の玉となる」

ことなのだ。すなわち、

「会社の利益というものはどういうものか？　それは、汗を流した絶対度である。これが利益である」

これは、時計のバーゲンで、一週間毎日九時間立ちっ放しで呼び込みを続け、血と汗と涙のたまった分だけが利益になった年、私が悟ったことである。一生懸命やっているけれども、何でこう締めてみたら、会社の利益が出ないのか？

利益というのは、汗だ。汗の絶対量の分だけ利益になる。人の三倍働け。人の三倍働き、汗を流した分だけは、神様が必ず利益にしてくださるのだ。

人の三倍、汗を流して頑張ったときは、たまたまいい客が来たり、たまたまいい商品が入ったり、計算してみたらとにかく利益が残った。利益とはそういうものであり、身になる金。身にならない金はあぶく銭。私はそれを実感した。

だから、私は投機的なものには絶対に金を使わない。その分だけ時間と汗を損する。あぶく銭は消えていって残らない。砂上の楼閣だ。だから、失敗してもいい、一つ、二つ、三つ、四つ、五つ、失敗してもいい。神様がきっと導いてくれる。で、六つ目にヒットする。一生懸命努力して五つ分だけ汗をかく。その分だけ、六つ目のヒットで利益が残る。努力し、トライアルをする労を惜しまない。最短距離を行こうだとか、どれが一番手っ取り早いかなどと考えたら、その会社は絶対に失敗する。

汗の中から出る知恵が、生きた知恵

あるとき、永大産業の社長が名言をはいた。

「我が社では、まず社員は知恵を出せ。知恵を出せない者は汗を出せ。汗を出せない者は去って行け」

と。恰好いいなあとみんな思った。ところが、松下幸之助はそれを聞いて、

「あっ、あんなアホなこと言ってたら、若い衆は困るわあ」

と言ったそうだ。あんなことを言ったら会社は必ず潰れる。経営を知らん人の言葉だ。経営者ならこう言わなきゃいかん。社員は汗を流せ、汗の中から出てきた知恵を

使え、その汗も流すことができず、汗の中から出てきた知恵も出せない人間は去って行け、こう言わなきゃいかんと。

そのとおり、永大産業は潰れた。なぜか。誰だってばかだと思われたくはない。だから会社中の人間が、ない頭を絞ってアイデアばかり出したのだ。本来、骨惜しみせず会社のために働こうという趣旨なのに、知恵ばかり出していては潰れる。とくに大卒は、開発だとか企画だとか、汗臭くない格好のいいものばかりやりたがる。それでは会社の業務は成り立たない。

汗の中から出てくる知恵というのが生きた知恵だから、経営者が率先してみんな汗を流そうと言わなければ、社員というのはついて来るものではないし、チームワークや協調性も出てくるわけがない。

汗を惜しむ人間に、生きた知恵というのは絶対にわいてこない。机の上だけの理論、頭だけの理論、週刊誌だけの知恵、銀行とか、証券会社、保険会社から聞いた話を信じて実行し、失敗する。

銀行や証券会社のデータというのは、既成事実の分析。結果の分析。そもそも、大企業の方向性を示すデータなのだ。それは確かにヒントの一つではあるが、中小企業にはまったく関係ないことのほうが多い。中小企業の場合、その逆をやって成功するケースが圧倒的に多いのだ。まず汗を流すこと、それが最優先である。

陶酔の社員操縦術

ばらばらでぐちゃぐちゃだが、私の社員たちは、やたらと意欲に満ちている。仕事はばらばらばらだが、しかしそういう社員が、とにかく売り上げを上げる。積極的にトライする。何か商品はないか、客はいないかと。結果、収益が上がる。広告宣伝費もできる、ボーナスも出せる、次の投資もできる。

繰り返し書いたが、売り上げを上げる、利益を出す以外の経営はない。中小企業の場合、社員二十五人ぐらいまでは、九〇％までが社長の商売の才覚。とくに十名前後の会社というのは、もう九五％までが、社長の営業力。後は、どうしようもない社員を、どうやって燃え立たせるかだけなのだ。

社員のマイナス面はわかっている。だから、ほめる。おそらく、それまでの生涯で、ほめられたことなどない人間である。だから、ほめる。幼稚園と同じだ。

「おい、水汲めるってすごいじゃないか」

「そんなの誰でもできます」

「いや、僕、水汲めないんだよ。君は井戸水も汲めるし、水道の水もぴたっと七割。僕が汲むと、どうしても六割五分になっちゃうんだなあ」

「誰でも……」

「水の入れ方が芸術的だよ」

「えー、そうかなあ」

ほめられれば誰でもうれしくなる。

「おい、戸締りができたじゃないか。六日忘れても、一日やれたじゃないか。週に一回できたということは、来週は二回やって、忘れるのを五日に改善したらいいんだよ」

「は、そうですか」

「見ろ、たった一カ月で、一週間に二日しか忘れなくなったじゃないか。一週間のうち五日間戸締りができた。大変な進歩だ、君には才能がある」

「そうですかあ。こんなに僕のことをほめてくれた会社は初めてだ！」

と、やたらと意欲に燃えて、やる気に燃えて、会社を愛し始める。

「積極的に挑戦だ。とにかく少しでも販売先を増やすこと。少しでも多く物を売ること。いい品物だと思ったら何でも引いてくる。メーカーの名前だけ調べてくればいいぞ。あとは僕がやるから。先方と詳しい話をすると、君の話法に感動してしまう。ビジネスにならなくなるだろ。だから情報だけ収集してくれ。情報だけ」

「こんな情報、よく収集できたね」

「いや、たまたま」

「そのたまたまが君の天運だ。神様が守って天運があるから、こんなすばらしい……」

「新聞で見ただけです」

「僕がその新聞を見なかったとき、たまたま君が見たというのが、これが天運だ」

「そうですかあ」

実際にあった話だ。とにかく、どこかに長所がある。それを探してほめる。

「君、道を真っすぐ歩けるんだね」

「え、そんなの誰でも歩けます」

「僕、歩けないよ」

「ほんとうですか」

これはほんとうである。私は、道を真っすぐに歩けない人間なのだ。なぜか、左へ左へと傾いていく。壁にぶつかって、反動で今度は右に行く。私にとっては、道を真っすぐ歩けるというのは、感動的なことなのだ。

他にも、車が運転できる人、そろばんができる人が天才に見える。私は、普通の人にできることができない。そろばんは何回やっても計算が合わない。真っすぐ歩いているつもりでも道をずれていく。だいたい、霊界では自分の向かう方角に太陽と道がある。神霊家として、その方式が身についているものだから、自分の向かう方向に道がないのがおかしい。地図に合わせて歩かなくてはならない現実界の不便さを、身にしみて感じる。

ともあれ、どんなに欠点があろうと、全社員が意欲に燃えて、熱血火の玉となってしまえば、必ず売り上げが上がり、利益が出る。そうでないときは、ヒットがあった年でも、締めてみると利益が出ていない。ほんとうに不思議だ。

これが、一つの法則なのだ。全社員が意欲とやる気に燃えて、会社を愛して、積極的に努力していく状態というのは、太陽神である天照大御神の世界である。生成化育して進歩発展していくわけだ。これは神の道に合っているから、弥栄えていく。

中小企業、とくに小企業というのは、プライベートな時間が、あるようなないような、アットホームで温かい人間関係に生きがいがある。日曜日でも「おい、ちょっと手伝ってくれんかあ」と引っ越しの手伝いをさせられる。「検品ができないんだけど」と休みの日に呼び出される。ボーナスも出たりなかったり。

しかし、やった分、すぐ手ごたえがある。反応の早いのが楽しい。社長にほめてもらって、やったあ！　と喜ぶ。喜びと悲しみをともにする。そういう、気持ちの交流のあるところが、頑張ることのできる理由だ。だからこそ、まず、経営者自身が、いかなるときも、楽天的で、前向きで、意欲的で、エネルギッシュで、発展的で、楽天的で、明るくなければならない。

あれしろ、これしろと言うのはだめ。それは大企業の方式である。大企業のサラリーマンは指示待ち族だから、指示があったら動く。できて当たり前の減点制だ。指示がなければ、ミスを犯さないようにと動かない。

中小企業は違う。企業の存在そのものがミス。社員の存在そのものが初めからミスなのだ。それでも、会社を愛して意欲に燃えているときは、客を呼ぶ。品物を呼ぶ。発展気運がある。利益が出る。利益が出たら、

経営者は、社員の心を陶酔させよ。陽気さとトークを持て

「君たちが頑張ったから、海外旅行だ。ハワイを約束しただろう。しかし、利益がちょっとしかないから、とりあえず大島。一応海外だ。な！　今度はハワイに行こう！」

そういうふうに陶酔させてくれるところは、絶対に売り上げが上がる。絶対に利益が上がるのだ。

営業の極意とは？

やる気の出た社員には、今度は営業のポイントを伝授しなくてはならない。

セールスのポイントは何か、販売のポイントは何か、営業のポイントは何か。

「これを買ってください」

「何とか買ってください。最高ですから。買ってください。儲けさせてください」

ということを、素直に、抵抗なく、さっと言えることだ。

それが、なかなか頭を下げられない。言えない。この製品の特色は……我が社の社歴は……と、言い訳から入っていく。プライドを捨てることができないのだ。

営業マンが、そんなところにプライドを持ってどうするんだと言いたい。

確かに、売れない車の営業マンは苦労するだろう。しかし、信じて売るのだ。会社の社長とか経営者というのは、大体、営業畑の人が多い。苦労して売ってきた人が多いから、真正面から一生懸命売り込んでいたら、まあ、大して変わるものでもなし、買ってやろうかという気になる。よしんば買ってもらえなくても、「よく頑張るね、君」と次につなぐことができるのだ。

「ロータリーエンジン？　軸が磨耗するのはどうなったの？」

「これは技術革新いたしました！」

「デザインセンスが悪いよ」

「いやいや、この車は、デザインはそうかもしれませんが、私は最高だと信じています。この車に乗ると、なんか運がよくなるんです。彼女のできやすい車です、これは！」

「そんな、理由にならない」

「いや、私はそう信じてるんです」

「うん、いいだろう。僕も君の話を聞いてると、この、なんかトンボみたいな無骨な車がね、輝いて見えてきたよ」

これがセールスの極意だ。真正面から行って胸を打つ。

「買ってください。製品は劣悪でも、それがおしゃれなんです」

理由にはならない。しかし、それしかない。それを言える人がトップになっている。

余談だが、女にもてるかどうかも同じことだ。

女にもてない男というのは、「君はすてきだ。最高だ」と言えない人間だ。どんなに不細工で、デブで、チビで、はげで、性格もむちゃくちゃなやつでも、「君はすばらしい。結婚したくなってきた。その前によく君を知りたいな」とぬけぬけと言える男は、次々と美女をものにしていく。

人間というのは、普通は、真正面からこうは言えないのだ。それを言える者が、次々と美女をものにし、次々と製品を売り、次々と販売会社、取引先を増やしていく。トップセールスマンは、そこが吹っ切れている。口先三寸という言葉は良くないが、一寸でも二寸でも、出ようという気持ちがいる。そこが吹っ切れたら、絶対に倒産しない社長になれると私は思う。

手形が危なくなったとき、支払いができなくなったとき、手形の回収に行く。入金を急いでいただけませんかと、言いに行く。そのときのコツを前に書いたが、あれを行って言えるだけの度胸と根性、それが経営の極意とポイントである。言いに行けば、来たのが偉いから何とかしてあげようということになる。会社が大きくなったら、あのときのご恩は一生忘れません。あの温かい措置があったからこそ、我が社は今日まであるんですと言えば、また感動して取引が拡大する。営業の極意も経営の極意もそれしかない。

最悪の場合はこうするんだ！　と吹っ切れたら、怖いものはない。

新聞を読んだ親戚縁者が、「これから大変みたいよ」と言ってきても、「何が大変なの。五人や十人食わしていくの、どうってことない。業界なんか関係ないよ」となる。売り上げが半分になったら、支払いも半分にする。せいぜい数カ月間の問題だ。むしろ、かねがね問題ある従業員を切る理由に使うくらいでいい。

「見てくれ、売り上げが半分になってしまった。我が社はもうどうなるか。わしも給料をなしにして、銀行からも全部借りた、貯金も全部おろした、親戚からも借りて……君にはいてほしいんだけど……給料も現実に払えない……もっと前途洋々たる未来を約束してくれる会社が、君にはあると思うんだ。申しわけない。君には何の問題もない」

「わかりました」

と、仲よく、やめていただく。人をやめさせるときは人格を傷つけない。喜んでやめる場合と、仕方なくやめる場合とあるが、売り上げが落ちたときはチャンス。それで支払いを半分にしたら会社はうまくいくのだから。

実際、それをやることで、経営者としての根性も磨かれる。不況というのは、経営者の中身を天が試しているのだ。会社は利益が上がればいい。売り上げが上がり続ければいい。そして従業員が満足し、納得して、ハッピーならいいのだ。それを納得させるものが、経営者の説得性だ。

松下幸之助の著作に、あのときにああいうことがあったおかげで、自分が今日あるんだという話がときどき出てくる。その話に出てくる人というのは、例外なく、松下さんはあのときから立派だったと言うのだ。

これはいったい何なのだろうか。恐らく中には、そのときに、「何だ、このおっさんは。キリギリスみたいな顔して」という人もいたはずだ。しかし、松下幸之助の「おかげさまでございまして」と真心込めて言う姿勢に、皆さん、やはり協力している。

素直に言う説得性というのが松下幸之助の魅力で、これは見習わなくてはいかんなと思う。無から有を起こした最大の実例である。中小企業の一経営者が大きくなるためのヒントが、そこには幾つもある。
素直に言う説得性。経営にも、営業にも、それが最大の武器なのである。

第五章　これで会社は必ず成功する！

運気のある土地、成功する土地とは何か

さて、昨今は経営者の間でも風水学や方位学、家相などがブームのようだ。この章では、そうしたやや不思議な話から入っていこう。

ところで、人間は誰でも守護霊を持ち、神様に生かされてある。そういう意味では、誰しもが神様の弟子と言えるし、同時に、悠久の時の流れの中で、修行を続ける魂でもある。生まれ落ちた境遇、職業、そのすべてが、誰のためでもなく、自分の修行のために課せられた試練だ。

そして今世、経営者となった者は、経営という役割・仕事を通じて魂の修行をすることを、神様に命じられていると思っていただきたい。そう考えて、自分をとりまく環境すべてが、自分に何かを悟らせる糧となっていること、自分を鍛えてくれるハードルになっていることを知れば、すべてに感謝の念が湧いてくる。たった今まで、

「資金ぐりが……」と目の前のことで手一杯な状態にいたのが、視界が開けて周囲が輝きに満ちてくるのだ。経営者は往々にして、山積みする問題に囲まれて、孤独である。しかしこうして、自分をとりまく問題を修行として肯定できたとき、成功はもうすぐそばにある。問題への逃げ腰な姿勢がなくなるからだ。

とかく、経営の絶対的な孤独から、人は逃れたいと考える。そのあげく女だ、遊びだと血道をあげる。しかし、これは大きな間違いである。気晴らしをするなとは言わないが、おのずと限度というものがある。結局は、経営をやめるその日まで、経営者とは孤独なものなのだ、だったら、それを、自らが向上し脱皮するための糧ととらえて、楽しんでしまったほうが得というものだ。それに何より、現世での絶対的孤独は、自律的・排他的思考を強いられる分、神霊界との距離が近くなるのだ。神霊界の声に耳を傾け、それを経営＝修行に反映させなくてはいけない。

私は西宮に生まれた。

祖父の代まで日本酒の樽づくりを家業にしていた。家名では、私は七代目半田利兵衛となる。戦争で焼けるまでは三階建てのお屋敷で、貸家五十六軒、今津宮水の井戸三本（今、富久娘の酒になっている）というのが祖父の自慢。曾祖父の代には、西宮に砲台を寄附したそうだ。勝海舟が神戸の軍港にいたときのことで、勝海舟が一回試射したら砲台の中が真っ黒焦げになって二度と使われなかった……というから、あまり名誉な話ではない。だからまあ、子孫がそれを挽回しようと思っているのだが……。

徳島から材木を仕入れて、桜正宗と黒松白鹿の酒樽を全部作っていたという。しかし、神戸のヤマムラ製瓶という会社が日本酒の瓶を作り、日本酒も瓶に詰める時代となって、廃業に追い込まれた。神戸さえなければ、私の家業は、樽屋が続いていたはずだ。樽屋の先祖霊に恨まれる地域、それは神戸ということになる。

といって、何も神戸が嫌いだというのではない。神戸は大好きである。土地の雰囲気、土地の産土力《うぶすなりき》……地域の地理的背景、風土的背景を産土の働きと言うが、そのことについて考えてみたい。

神戸にまつわる歴史上の人物といえば、平清盛、高田屋嘉兵衛、坂本龍馬、勝海舟などが挙げられる。しかし、古い歴史の中に、忘れてほしくない人物が一人いる。神功皇后様。神功皇后が三韓征伐から凱旋したところが神戸なのだ。

三韓征伐というのは放送禁止用語だが、ここでは歴史的用語として用いているので、ご了承いただきたい。さて、神功皇后が凱旋したときに、「私が勝利できたのは神様のおかげ」だと、自分を守ってくれた神様をお祭りした。それが生田神社と長田神社である。さらに、そのときに大いなる働きをされたというので、西宮にある別格官幣大社の天照大御神の荒魂を、広田の地に祭るべしと、天照大御神の荒魂を広田神社にお祭りした。

神様は最終的に大阪の住吉大社に祭られるが、神功皇后は、まず山口県の下関に住吉さんをお祭りし、神戸の高砂から西宮戎、鳴尾を経て、大阪・住吉へ向かった。つまり、住吉にお祭りする前に、神戸にやって来たわけだ。

なぜか。話は超古代にさかのぼる。

東六甲には、西宮戎の奥宮、越木岩《こしきいわ》神社がある。北の戎とも言うが、そこに、全国でも屈指の古代遺跡、甑岩という石舞台がある。外国ではドルメン、メンヒル、ストーンサークルなどと呼ばれるものだが、東六甲随一の霊場である。大坂城造営の折、豊臣秀吉が石を切り出そうとしたら、バチバチッと火の粉が散ったという伝説が残っている。地形的に見ても、神戸は神いますところである。青々とした山が背後に控え、海が目の前に広がる地形。これは足摺岬と同じく、観音霊場だと考えていい。

神戸には、超古代・古代からそういう「神なるもの」の歴史がある。平清盛が大輪田の泊に来たのも、単に地理的条件だけで来たのではなく、やはり、神がかり、直感、ひらめきに導かれたのではないかと私は思っている。

つまり、「神いますところ」であるがゆえに、神功皇后は神様をそこへお祭りしたわけだ。広田神社、長田神社、生田神社と、三つとも「田」がつく。広く長い田で、生田、つまり生き生きしているという意味になる。「田」という言霊には神霊的に深い意味があるが、ここでは簡単に「生み出しの働き、エネルギー」とだけ解説しておこう。

すなわち神戸一帯には、それだけのすがすがしいエネルギーが凝結しており、神功皇后はそれをキャッチして「広田、長田、生田」の言霊であらわされたのである。神なるものが存在する神戸にはまた、韓国、朝鮮半島からの渡来人が定着した。まさに神の戸、カンベ、神部である。天皇様の御陵をお祭りしたり、あるいはまた、神社に関する食べ物や何かを、お世話する部の民が、神戸にはいたのだろう。

広田神社の摂社は西宮の戎様だ。戎というのは外国という意味。当時、外国から来るものはすべて貴く、すばらしい神様は海の彼方からやって来るという信仰があった。進取の精神、時代の先取り、パイオニア、それが過ぎたるゆえのおっちょこちょい、初物食い。そうした神戸人の気質は、古代から培われている。神社、神道の背景があって、この地域の一つの性質を形づくっていると言えるのだ。

そういう土地には、後世もさまざまな人たちがやって来て、なお生き生きとしている。大地が生きているところというのは発展するのだ。

生きている土地のエネルギーをビジネスに利用せよ

海外でいえば、香港などもそうしたスポットの一つだ。香港では、土地のエネルギーが地価に反映されている。

地続きでありながら、坪百万円の土地の隣に、坪一千万円の土地があったりする。風水がいい、運のいい土地なのである。大地のエネルギー、発展のエネルギーを持っているところへ行くと、どんな商売をしても成功する。

だから、土地のエネルギーを見て、店を開いたり、会社を設立したり、住まいを建てたりする。中国人には長い歴史の中でそれがわかっているから、理論づけているのだ。後から来た西洋人が迷信だ何だと言おうと、体験で分かっているから、香港の人

運気のいい土地には、立派な神霊がおられる

は必ず風水を見る。そういう面で、中国人は真剣で徹底している。

京都の町も、土地のエネルギーがあるところだ。京都は築かれて一千二百年、現存の都市としては、世界最古といわれる。もちろん、エジプトやイラン、イラク、ヨルダン、ギリシャにも、古いところはある。しかし、今なお一つの都市として繁栄し続けているところは、京都だけなのだ。

その土地のエネルギーの違いをビジネスにどう用いるか。霊的に鋭い人ならば簡単にキャッチできるが、一般の方でも見分けることができる。感覚的にはこういうことだ。

例えば、道路の片側は繁栄するのに、反対側は繁栄しない。駅の片側は発展するけれども、駅の反対側は発展しない。その理由がわからないということがよくある。これは、その土地のエネルギーの違いなのだ。人は、明るいな気持ちがいいなと感じるほうへ行く。気の下がっている、気の暗いところからは、足が遠のくのだ。

神戸には、そういう土地のエネルギーがある。だから、私は関西初のセミナーも神戸で開いた。拠点も芦屋。六甲山に近いところだ。六甲山に続く土地というのは、そういう目に見えないエネルギーのおかげで、発想が浮かんでくるのだ。東京にいて浮かんでこないときは、芦屋に来ると、何か浮かんでくる。逆に芦屋にいて思いつかないことを、東京へ行って思いつく。東京も、地区によって強弱正邪の差はあるが、エネルギーの集まっているところである。だからこそこれほど発展しているといえる。「気」といってもいい。東京と芦屋では、その「気」の種類が違うから、浮かんでくる発想の質も変わるのだ。こればかりは、体験していただく他はないが、真実である。多くの方がこの法則を使えるようになると、社会も変わるかもしれない。

人は、その土地土地のエネルギー、風土の気に触れると、いろいろなことを発想できるのだ。平清盛も高田屋嘉兵衛も坂本龍馬も勝海舟も、そういうエネルギー、気に触れて触発され啓発された。神がかかり、何かパッと浮かんできたのだろうと、私は思っている。

日本は縮み指向の社会か？

さて、私は「神道で会社は必ず成功する」という説を提唱している。次の本では、それに関しても言及するつもりだ。しかし、ひとくちに神道と言っても、神道というのは広い。いろんな文化の中で、神道の要素が、くっついたり、組み合わさっている。その周辺の事柄を見ていくと、神道の全体像が出てくる。

誤解なきように言っておくが、私は右翼でも、軍国主義者でもない。ここでは詳しく触れる余裕がないが、本来の神道というのは、日本人の性質の根っ子に脈々と息づいている。だからこそ、日本の経営や経済の面を見ていると、神道のある重要な部分があらわれ出てくるのだ。

神道では、とくに、生活の中に生きるものが貴いと考える。だから例えば、基礎的な研究・発明・技術があるとき、それを日本の企業が製品化すると、生活の中で便利な、効率のいい、使い勝手のいい製品を産み出す知恵が働く。

これを「縮み社会の日本経済」だとか、「縮み指向の日本社会」と韓国の学者が言った。縮ませるだけが得意な日本経済、日本の特色と。

しかし、これが外れていることは、歴史が証明している。仁徳天皇陵は世界最大の墓である。豊臣秀吉の造った大阪城、これも世界最大の城である。出雲大社というのは古代、地上七十メートルあったと言われている。これは、世界で最も背の高い神殿だろう。山の上の神殿でも、たぶん日本が一番高い。なにしろ、富士山の頂上に神社がある。

そういうものを造った日本の先祖を考えてみれば、別に縮ませるだけが日本の特色ではないと言える。その意味で、「縮ませるだけ」というのは、ずいぶん片手落ちの見解と言わざるを得ない。正しくは、「縮ませることも得意」だということだろう。

そしてとくにその部分が世界に受け入れられて、日本の工業製品が、世界の隅々まで流通した原動力になった、ということである。だから、必ずしも当たっていないのだが、一つの方向性としては、言い当てていると言えようか。

神様も働く日本――働けることは喜びである

ところで、生活の中で生きるものが貴い、生活の繁栄も貴いという神道に対し、キリスト教というのは、心や魂の救済を専門としている趣きがある。

しかし同時に、資本主義経済というのは、その発生において、キリスト教と密接に結びついていた。キリスト教の中でも、マルチン・ルターがプロテスタンティズムの始まりだが、次にスイスのカルビン派の精神が、資本主義の原動力になったのだ。

キリスト教における労働観というのは、日本でのそれとは大きく異なっている。

キリスト教では、このように考える。人間はもともと罪人である。エデンの園で、禁断の木の実を食べるという罪を犯したために、男性は労働という罰、女性は出産という罰を与えられたのだ……と。

女性は子どもを産むたびに、罪を祓っているということになる……日本では、おめでたと言うが、外国ではご愁傷さまと言うのだろうか……。だから、この罪を晴らすべく積極的に働いて罪を祓っていこう。労働によって得た資本、この資本もさらにまた投資して、一層大きく事業を展開して、一層早く大きく罪を晴らそう。

これが、資本主義的なものの考え方の原点になったわけだ。

私がロンドンの国際ビジネスセミナーにて「経済と神道」という話をしたとき、講演後に質問に来た人がいた。

「神道でなくても、キリスト教社会でもキリスト教精神でも経済は発達している」

「あなたのおっしゃるのは、カルビン派のことか？」

「そうだ」

そこで、私は説明を始めた。

日本とキリスト教圏では、労働に対する考え方の原点が違う。日本では、労働そのものが罪という考え方は存在しない。むしろ、生きるということは、すなわち働くことなのだ。日本の神様というのは、高天原でも働いている。

例えば、伊邪那岐命の怒りをかって、須佐之男命が追放される際、姉の天照大御神のもとへやって来た。あまりに騒々しく猛々しい参上ぶりに、天照大御神様が「弟よ、汝は私の国を乗っ取りに来たのか」と疑った。そこで、天照大御神と須佐之男命の二柱が、天の安の河原で誓（うけ）いをする。この後が、『日本書紀』と『古事記』とでは若干違うのだが、『古事記』にのっとると、須佐之男命の十拳剣から生まれたのが三柱の姫であったことから、争う意思はなかったんだということになる。

誓（うけ）いに勝った須佐之男命だが、勝ちにまかせて「畔放、溝埋、屎戸、逆剥」の天つ罪を犯す。要するに、高天原の田んぼの畦道を潰してみたり、汚物を投げ込んだりという乱暴をしたということが挙げられている。

つまり、高天原、神様のいるところには田んぼがあったということだ。

須佐之男命はさらに、天《あめ》の服織女《はとりめ》が服織りしているところへ、天の斑馬の皮を剥ぎ取って、上から投げ落とした。天の服織女はそれを見て驚き、死んでしまう。こうした弟の乱暴狼藉に耐えかねて、天照大御神が岩戸にお隠れになってしまう。

ということは、天の服織女は服織りをしていたということになる。

『日本書紀』の中にも、天照大御神が田植えをしてどうのこうのという記述が何カ所もある。高天原で、神様が労働しているのだ。だから、昭和天皇も、ずっと田植えをしていた。

「ほんとうに田植えを？」

「してますよ。しかしまあ、形だけ自分の御領の中でやっているのであって、自分の耕した物を食べているわけではないけれど」

しかし、それは日本の神様が率先して働いておられる様を、映しているのだ。

神様も高天原で働いている。日本では田植えの祭りがあって、華やかな姿の早乙女が稲を植えていく。労働は喜びだ。だからお祭りをする。人間が働いているとき、神様は喜ばれて、人間を守護する。労働することは、神の喜ぶところである。だから労働観が明るい。

神道では、労働意欲に対しては積極的で、働けるだけありがたいんだと教えている。逆に欧米の場合は、働くことは贖罪なのだ。労働に対する価値観が、基本的なところで違っている。

確かに、キリスト教的精神で、近代経済は発展してきたかもしれない。しかし、日本経済発展の原動力、日本企業の中身というのは、神道のメンタリティーなのだ。そう説明したら、質問者は「なるほど」と納得していた。

「ところであなたのお仕事は？」

「牧師をしております」

「……」

会社も社員もコミュニティーも、生成化育、進歩発展していく。その発展すること自体が貴く、神様がお喜びになっている。そういうメンタリティーを持っている日本民族というのは強い。

日本の神々は自ら働いている。だから、神道精神に基づく日本人は働くことが喜びである

企業が弥栄えていくことが貴い。それに貢献できることが貴い。こういう神道的な考え方が、私たちのメンタリティーの奥にある。だから「企業はゴーイング　コンサーン、発展することが大事」という考え方は、日本人に合っているのだ。

企業が存続してこそみんなが幸せになる

「戦争というのは殺戮がつきもので、なにも日本だけではない。五十年前のことをわびるよりも、今と明日が大事だ。わびてほしいとは思わない」

マレーシアのマハティール首相が、村山首相に語った言葉が有名になっているが、マハティールさんは、もっと別なことも言っている。

「日本型の企業というものは大変すばらしい。日本株式会社、官民一体となって経済を進行させた。これは卑怯だとアメリカやヨーロッパは言うが、そんなことはない。

これは大変すぐれたシステムだ。我がマレーシアも、日本のやり方に習ってマレーシア株式会社になろうとしている」

官民が一体となって経済が豊かになれば、失業がなくなる、税収が増える、外貨が稼げる、国庫が豊かになる。すると、さらに国がまた民間に援助できる。GNPが上がって国が豊かになる。こういう、いいサイクルができる。これはすぐれたやり方だと言っている。

さらに、日本の企業はすばらしいとも言っている。

欧米企業の場合、収益が上がったら、まず経営者が給料をがっぽり取る。次に株の配当にぼーんと回す。税引き前の経常利益というのは、法定準備金で内部留保するのは、もうぎりぎりまでにして経営者に還元し、株主へ還元する。これは、きわめて短期的なサイクルでは株主の満足を得られるかもしれないが、長期的に見れば企業の存続を危うくする可能性を秘めている。

ところが日本の場合は、経営者への還元は、するけれども少し。株主への還元も少しだ。日本の企業は、経営者のための企業でもなければ、株主のための企業でもない。企業のための企業なのだ。企業自体が存続していくことによって、経営者も経営者たり得るし、株主も株主たり得るわけだから、企業の収益は企業自体に再投資をする。しかし、それによって社会自体が豊かに回転していくから、長い目で見ればみんなが得をする。企業の存続がまず第一。経営者、株主はその次。これが、欧米型の企業と日本型の企業の違いなんだと、マハティール首相が言っている。

日本企業のメンタリティーを実によくとらえている。

コミュニティーが生成化育、進歩発展していくことが貴い。そこに貢献することこそが、我々の命が生きた証である。これが、古来からの神道的なものの考え方なのだ。農耕民族の、村の存続形態が、神道の母体になったとも言えるが、大きな意味で神道的・日本的だ。

外国ではどうか？　例えば、証券会社や保険会社でも、経営者や取締役はボーナスが一億円とか二億円。社長のボーナスが六億円というのまであった。ロールスロイスをはじめ、たくさんの高級車を持って、さらに自分の飛行機まで持っている。六億円もボーナスをもらったら、それは買えるだろう。日本の企業では、一部上場の社長クラスでも、年収三千万円から四千万円。ボーナスを六億円ももらっている経営者なんかいない。

欧米では、会社とか従業員は、あくまで経営者と株主が金を儲ける、自分の資産を増やす、あるいは自己実現する道具に過ぎない。したがって、内部留保も少ない。日本では違う。会社が存続すること自体が貴い。一朝事あると、欧米ではすぐに会社を売ってしまう。内部留保がないからだ。しかし、日本の企業は内部留保で投資してあるから、企業がどんどん発展していく。

会社の繁栄こそ第一とする、会社経営のメンタリティーというのは、いっとき不況があろうと国際経済がどうであろうと、必ずこちらのほうが繁栄する。発展する。

マハティール首相はこうも言っている。

「欧米の企業にいいところがあったとしても、日本の企業にかなうものはない。日本企業はますますこれからも発展していくだろう。日本企業は、従業員も育てるし、会社自体を育てる。日本企業が来たところは、みんな繁栄する。日本が今少しぐらい不況だとしても、必ず日本人の英知で乗り切っていくと私は信じている」

日本の首相よりも洞察力がすばらしい。マハティールさんを日本の首相にすべきじゃないかという気さえする。

実際、日本の経営者の共通意識として、会社が儲かったら、次の投資へ回す人が多いようだ。まず自分の給料をという人もいるだろうが、日本人というのは、なかなかそう考えることができない。日本は貯蓄性向が高いが、企業としても内部留保して、次のために種を植えようという考え方が、大企業でも中小企業でも強い。

この日本古来の神道的なメンタリティーというのは、世界中で日本だけのものであり、世界に誇るべきものなのである。はからずも外国人にそのすばらしさを指摘されたわけだが、経営が今世での修行であるということと併せ、皆様が経営について考えるときの指針としていただけたらと思う。日本人があまり意識していないこのメンタリティーが、日本人の心から消えることがない限り、日本型経営というものは、さまざまに形を変えながらも必ず栄えていく。その自信を持って、日々の経営に臨んでいただきたいと思う次第である。

おわりに

さて、これで本書『これがわかれば会社は儲かり続ける』も終わりである。

「儲かり続ける会社」にできる実践ノウハウは山ほどあるが、やはり紙上ではほんの一部しか伝えきれないものだと痛感する。今回も前作同様、経営のウルトラCを具体的に盛り込んだつもりだが、それでも諸々の事情で半分以上カットせざるを得なかった。今までの三作で明かした内容は、菱研のセミナーで話したノウハウの一割にも満たない。

まあ、本当においしい具体的ノウハウは、本だけで体得できるものではないということも確かだ。だから、この本を読んでピンときた方は、ぜひ「菱研サクセスセミナー！」においでください。あなたが今求めている問題点の解決策が、そこにはきっとある。「もっと早く来ればよかった」と思うことしきりのはずである。

良いノウハウを貪欲に吸収し続ける努力。そして、経営に生かそうとする実践力。
この両者を常に忘れなければ、あなたの会社はさらに儲かり続けることだろう。

深見東州（半田晴久）Ph.D.

株式会社 菱法律経済政治研究所 代表取締役社長。

1951年、兵庫県生まれ。

カンボジア大学総長、政治学部教授。

東南アジア英字新聞論説委員長。

東南アジアテレビ局解説委員長。

中国国立浙江工商大学日本文化研究所教授。

その他、英国、中国の大学で客員教授を歴任。

社団法人日本ペンクラブ会員。現代俳句協会会員。

声明の大家（故）天納傳中大僧正に師事、天台座主（天台宗総本山、比叡山延暦寺住職）の許可のもと在家得度、法名「東州」。臨済宗東福寺派管長の（故）福島慶道師に認められ、居士名「大岳」。

国内外に十数社を経営し、実践派経営コンサルタントとして多くのシンポジウム、講演会を主宰、経済・政治評論活動を行っている。

人生論、経営論、文化論、宗教論、書画集、俳句集、小説、詩集などの著作も多く、『「日本型」経営で大発展』、『UNDERSTANDING JAPAN』や、150万部を突破した『強運』をはじめ、文庫本を入れると著作は270冊以上に及び、7カ国語に訳され出版されている。


(120824B)

深見東州(半田晴久)の人気TV番組

●「サクセス登龍門」 —夢へ！学《まな》ビジョン—

メインキャスター半田晴久が、夢に向かって真摯に生きる若者を迎え、彼らが直面する問題の解決法や、挫折から立ち上がるヒントを与える！

※詳しくは「サクセス登龍門」番組公式サイト（http://s-touryumon.com/）をご覧下さい。

（平成24年10月現在）

深見東州氏が所長を務める経営コンサルタント会社「株式会社 菱《びし》法律経済政治研究所」では、経営相談、各種セミナー等、様々な活動を行っております。資料パンフレットもございますので、詳しくは下記連絡先までお問い合わせ下さい。

株式会社　菱《びし》法律経済政治研究所（略称 菱研《びしけん》）
〒167-0053 東京都杉並区西荻南2-18-9 菱研ビル1階
フリーダイヤル　0120-088-727
電話　03-5336-0435　　FAX　03-5336-0433
メールアドレス　bcc@bishiken.co.jp
ホームページ　http://www.bishiken.co.jp

たちばなビジネスコレクション

これがわかれば会社は儲かり続ける

平成13年８月８日　初版第１刷発行　　　定価はカバーに記載しています。
平成24年10月31日　　　第２刷発行

著　者　深見東州
発行者　本郷健太
発行所　株式会社　たちばな出版
〒167-0053 東京都杉並区西荻南２-20-９　たちばな出版ビル
TEL 03-5941-2341(代)　FAX 03-5941-2348
http://www.tachibana-inc.co.jp/
印刷・製本　萩原印刷株式会社

ISBN4-8133-1326-4

●21万部突破。守護霊を味方にすれば、爆発的に運がひらける！

大 創 運

深見東州

神霊界の法則を知れば、あなたも自分で運を創ることができる。項目別テクニックで幸せをつかむ。

特別付録「著者のCD」付き!! 定価 1，050円

●36万部突破。瞬間に開運できる！ 運勢が変わる！

大 除 霊

深見東州

まったく新しい運命強化法！ マイナス霊をとりはらえば、あしたからラッキーの連続！

特別付録「著者のCD」付き!! 定価 1，050円

●48万部突破。あなたを強運にする！ 良縁を呼び込む！

恋の守護霊

深見東州

恋愛運、結婚運、家庭運が、爆発的に開ける！「恋したい人」に贈る一冊。

特別付録「著者のCD」付き!! 定価 1，050円

●34万部突破。史上最強の運命術

絶 対 運

深見東州

他力と自力をどう融合させるか、究極の強運を獲得する方法を詳しく解いた、運命術の最高峰！

特別付録「著者のCD」付き!! 定価 1，050円

●40万部突破。必ず願いがかなう神社参りの極意

神社で奇跡の開運

深見東州

あらゆる願いごとは、この神社でかなう！ 神だのみの秘伝満載！ 神社和歌、開運守護絵馬付き。

特別付録「著者のCD」付き!! 定価 1，050円